VENTAIRE
F-33.989

AF250024

FACULTÉ DE DROIT DE PARIS.

THÈSE
POUR LE DOCTORAT

L'acte public sur les matières ci-après sera soutenu le 31 janvier 1861,
à une heure,

PAR

JEAN-SIMON MICHEL DUBOIS
NÉ A BOURGES (CHER),

AVOCAT A LA COUR IMPÉRIALE DE PARIS

PARIS

IMPRIMERIE SIMON RAÇON ET COMPAGNIE
1, RUE D'ERFURTH, 1

—

1861

FACULTÉ DE DROIT DE PARIS.

THÈSE
POUR LE DOCTORAT

L'acte public sur les matières ci-après sera soutenu le 31 janvier 1861,
à une heure,

PAR

JEAN-SIMON MICHEL DUBOIS

NÉ A BOURGES (CHER),

AVOCAT A LA COUR IMPÉRIALE DE PARIS.

PRÉSIDENT : **M. BRAVARD-VEYRIÈRES,**

	MM. PELLAT,	Doyen.
SUFFRAGANTS :	ROYER COLLARD,	Professeurs.
	DUVERGER,	
	DEMANGEAT,	Suppléant.

PARIS

IMPRIMERIE SIMON RAÇON ET COMPAGNIE

1, RUE D'ERFURTH, 1

1861

A LA MÉMOIRE DE MON GRAND-PÈRE

MICHEL (DE BOURGES.)

A LA MÉMOIRE

DE J.-B. DUBOIS DE BÉLAIR

MON GRAND-PÈRE PATERNEL.

DROIT ROMAIN.

QUIBUS MODIS PIGNUS VEL HYPOTHECA SOLVITUR

Dig., lib. XX, tit. 6.

Les gages et les hypothèques s'éteignent de deux manières :

1° Par voie de conséquence ;

2° Principalement.

Par voie de conséquence, lorsque la dette elle-même s'éteint ; principalement, lorsque la dette subsiste. De là nous déduisons la division toute naturelle de notre sujet en deux parties : dans la première, il sera question de l'extinction du gage et de l'hypothèque par suite de l'extinction de la dette ; dans la seconde, il s'agira de l'extinction de l'hypothèque, la dette persistant toujours.

PREMIÈRE PARTIE.

EXTINCTION DE L'HYPOTHÈQUE ENVISAGÉE COMME CONSÉQUENCE DE L'EXTINCTION DE LA DETTE.

La loi 43 au Dig., *De Solutionib.*, dit : « *In omnibus specie-* « *bus liberationum etiam accessiones liberantur, puta... hy-* « *pothecæ pignora.* » Cette règle est loin d'être absolue. Il y a une foule de cas dans lesquels l'obligation est éteinte sans que l'hypothèque le soit. Pour être exact, il faut dire que l'hypo. thèque s'éteint dans tous les cas où l'obligation est anéantie, soit par un payement, soit par un mode de satisfaction ana- logue. Les textes font à chaque instant l'application de cette idée. C'était la conséquence de la rédaction adoptée par le pré- teur pour la formule hypothécaire. Bien que cette formule ne nous soit pas donnée en entier, on peut néanmoins arriver à la reconstruire de la manière qui suit : « *Si paret rem in bonis debi-* « *toris fuisse, eo tempore quo de pignore convenit, neque pecunia* « *soluta sit, aut eo modo satisfactum fuerit.* » Le débiteur avait-il la chose *in bonis* au moment de la constitution d'hypothèque? depuis cette époque y a-t-il eu un payement ou un mode de satis- faction analogue? Telle était la double question posée au juge par l'*intentio*. De là, il suivait que l'hypothèque devait néces- sairement être maintenue toutes les fois que l'extinction de la dette ne dérivait pas d'un payement ou d'un mode de satisfac- tion présentant de l'analogie avec le payement. Ce point de vue nous fournit une autre division de notre sujet. Nous grouperons autour du payement les modes de satisfaction analogues, pour ranger dans une classe à part tous ceux qui ne présentent pas ce caractère, et cela, soit qu'il s'agisse d'une extinction *ipso jure* ou d'une extinction *exceptionis ope*. Mais auparavant, il faut savoir quel est le criterium auquel les jurisconsultes romains reconnaissaient qu'une manière d'éteindre une dette était ou non analogue au payement. Nous avons à ce sujet une base sûre dans la loi 9, § 3, au Dig. *De pigneratitia act.* : « *Omnis pecunia exsoluta* « *esse debet, aut eo nomine satisfactum esse, ut nascatur pigne-* « *ratitia actio. Satisfactum autem accipimus, quemadmodum* « *voluit creditor, licet non sit solutum : sive aliis pignoribus* « *sibi caveri voluit, ut ab hoc recedat, sive fidejussoribus, sive* « *reo dato, sive pretio aliquo vel nuda conventione, nascitur pi-* « *gneratitia actio. Et generaliter dicendum erit, quotiens rece-* « *dere voluit creditor a pignore, videri et satisfactum, si, ut ipse* « *voluit, sibi cavit, licet in hoc deceptus sit.* »

Ainsi doivent être mises sur la même ligne que le payement toutes les satisfactions que le créancier a volontairement acceptées comme telles. Notre point de départ étant ainsi trouvé, nous pouvons aborder au fond notre sujet.

CHAPITRE PREMIER.

DU PAYEMENT ET DES MODES DE SATISFACTION ANALOGUES.

SECTION PREMIÈRE.

Du Payement.

Le payement peut être envisagé à plusieurs points de vue. Il est volontaire ou forcé, réel ou fictif, sans subrogation ou avec subrogation ; nous l'examinerons successivement sous ces différents aspects.

I. — PAYEMENT VOLONTAIRE.

Lorsque la dette est payée, les gages et les hypothèques qui la garantissaient s'évanouissent; mais il faut pour cela que le payement soit intégral en principal et accessoires. Tant qu'une partie seulement de la dette subsiste, l'hypothèque est maintenue aussi et sur la totalité de l'objet. C'est là une des faces de l'indivisibilité du gage ou de l'hypothèque. On l'exprime en disant que la totalité de la chose hypothéquée répond de chacune des fractions de la dette[1]. L'autre face de l'indivisibilité, c'est que chacune des fractions de la chose engagée ou hypothéquée répond de la totalité de la dette; en d'autres termes, un payement partiel n'a pas pour conséquence la libération d'une fraction correspondante de l'objet .

II. — Payement forcé.

Il est possible que le créancier ne veuille pas recevoir ce qui lui est dû. Le débiteur doit alors avoir le moyen de vaincre sa résistance. Ce moyen consiste à mettre le créancier en demeure de recevoir le montant de la dette et, en cas de refus, à consigner la somme ou la chose due. Les textes nous disent à cet égard que, dans tous les cas où par son fait le créancier met obstacle au payement, le payement doit être considéré comme accompli et l'hypothèque éteinte. Le créancier aura contre le dépositaire de la somme ou de la chose consignée une action utile, et il ne pourra plus poursuivre le débiteur, à moins que celui-ci n'ait retiré la consignation[2].

III. — Payement fictif.

Nous trouvons l'idée d'un payement fictif dans deux modes d'extinction, dont l'un a une physionomie exclusivement romaine, et l'autre existe encore dans le droit français, mais néanmoins avec des caractères différents. Nous voulons parler de

[1] Loi 6, Cod. De distract. pign. — L. 2, Cod. Debitorem vendit. pign., etc. — L. 19, Dig. Pignoribus, etc. — L. 1, Cod. Si unus ex pluribus. — L. 11, § 4, De pign. act. Dig. — L. 65, pr. De evictionibus.

[2] Loi 2, Cod. Si unus ex pluribus. — L. 1, Cod. De luitione pign.

[3] Loi 3, Cod. De luitione pign. — L. 19, Cod. De usuris.

l'acceptilation et de la compensation. La forme de l'acceptilation : « *Acceptumne habes quæ tibi debeo? Acceptum habeo*, » conduisait à dire que les choses devaient être traitées comme s'il y avait eu un véritable payement, et en conséquence les gages et les hypothèques ne pouvaient survivre[1].

En ce qui touche la compensation, elle peut se produire sous deux formes. Tantôt elle s'opère par la convention des parties, tantôt par la sentence du juge. A l'égard de la compensation conventionnelle, il n'y a pas de difficulté. Étant votre débiteur d'une certaine somme, je vous vends une chose pour une somme égale, et nous convenons que nous serons quittes l'un vis-à-vis de l'autre. Il y a là une compensation qui éteint le gage et l'hypothèque[2]. Lorsque l'imputation réciproque de la créance sur la dette et de la dette sur la créance n'a pas lieu conventionnellement, et que les deux parties n'ont pas encore agi en justice l'une contre l'autre, les deux créances subsistent. Dans le droit romain, en effet, il n'y a pas, comme chez nous, de compensation légale s'opérant par la seule force du droit, et à l'insu même des parties, dès le moment où les deux dettes ont commencé à exister avec toutes les conditions requises. C'est une mauvaise interprétation des mots *ipso jure*, qui se trouvent dans la loi dernière, au Code, *De Compensationibus*, qui a fait admettre dans notre ancienne jurisprudence, et par suite dans notre Code, l'idée d'une compensation légale. Les deux créances continuent donc d'exister, et dès lors il ne peut être question de l'extinction des gages et des hypothèques. Mais supposons que, par erreur, l'une des parties paye ce qu'elle doit, elle peut exercer la *condictio indebiti* : « *Si quis compensare potens solverit, condicere poterit,* « *quasi indebito soluto.*» Loi 10, § 1, ff., *De Compensationibus.* Faut-il conclure de là, comme l'a fait Pothier[3], que la compensation s'était, avant ce payement, accomplie de plein droit, et renoncer à ce que nous venons de dire? Nullement; cette con-

---

[1] L. 11, § 2 De pignerat. act. ff.
[2] L. 4, ff. Qui potiores in pign. — L. 3, Cod. De luitione pign.
[3] Pothier, *Traité des oblig.*, n° 637.

dictio indebiti dont nous parle Ulpien s'explique très-bien par les principes élémentaires, sans qu'il soit nécessaire de recourir à l'hypothèse tout à fait erronée d'une compensation opérée par la seule force du droit. Il est de règle, en effet, que celui-là peut exercer la *condictio indebiti*, non-seulement contre lequel il n'y a pas d'action, mais encore, qui peut repousser l'action à laquelle il est soumis par une exception perpétuelle, et qui paye dans l'ignorance de cette exception. Celui qui a payé, ignorant qu'il avait en sa personne une cause de compensation, aurait pu repousser son adversaire par une exception à quelque époque que celui-ci eût agi contre lui, et cela quelles que fussent la nature et l'origine de l'action, en nous plaçant bien entendu à une époque postérieure au rescrit de Marc-Aurèle. La *condictio indebiti* qui lui est donnée par les textes s'explique donc tout naturellement, même dans le système romain, qui n'admet pas la compensation de plein droit. De là nous concluons que la partie qui a effectué le payement pourrait, si elle le voulait, laisser de côté la *condictio indebiti*, pour exercer l'action résultant de la créance primitive, et elle aurait un intérêt évident à le faire, si cette créance était garantie par des gages et des hypothèques et que *l'accipiens* fût insolvable. Elle pourrait aussi avoir intérêt à exercer la *condictio indebiti*, la solvabilité de *l'accipiens* étant présupposée. Nous savons, en effet, que sous l'empire du système formulaire, et sauf les règles spéciales à la compensation qu'on peut opposer aux *argentarii*, la compensation à raison du caractère pécuniaire des condamnations pouvait avoir lieu entre des choses de différente nature. Si donc, par hypothèse, la chose payée n'est pas semblable à celle qui était due en retour, et que le *solvens* aime mieux cette chose que l'autre, il exercera la *condictio indebiti*. Cela se déduit de la loi 7, § 1, ff., *De Compensat.*, où il est dit : « *Si rationem compensationis judex non habuerit, salva manet petitio.* » Ce qui signifie que dans le cas où le juge n'a pas tenu compte de la compensation, et qu'en vertu de la sentence de condamnation prononcée contre lui, le défendeur a payé, il n'y a pas lieu pour lui à exercer la *condic-*

tio indebiti, la sentence s'y oppose, mais que son droit primitif subsiste dans son intégrité. En conséquence, s'il n'y avait pas eu de jugement, l'alternative eût été laissée au *solvens* entre la *condictio indebiti* et son action primitive. Pour concevoir tout cela, il n'est donc pas nécessaire de distinguer, comme le fait Pothier[1], entre la subtilité du droit et l'équité.

Nous avons supposé jusqu'à présent que le payement de l'une des deux dettes avait eu lieu par erreur, parce que nous parlions de la *condictio indebiti*; mais en ce qui touche la possibilité pour le *solvens* d'exercer sa propre créance avec les hypothèques qui la garantissent, la circonstance de l'erreur est complétement indifférente. Bien qu'il ait payé en connaissance de cause, il pourra exercer l'action qu'il avait contre l'*accipiens* et qu'il n'a jamais perdue. Mais il va de soi qu'il ne pourra pas intenter la *condictio indebiti*.

Supposons maintenant que l'une des parties ait agi contre l'autre. Si le demandeur est un *argentarius*, il a dû lui-même, sous peine de *plus petitio*, opérer dans l'*intentio* de la formule la compensation de ce qu'il doit au défendeur, pourvu que les deux dettes soient exigibles, fongibles et liquides. Lorsqu'il l'a fait, la créance de son adversaire est éteinte avec les accessoires qui lui servaient de sûreté. La compensation opérée par le juge lui-même dans la sentence, en cas de *deductio* ou de *compensatio* ordinaire, produit le même résultat. Mais, supposons que l'*argentarius* n'ait pas déduit du chiffre de la demande ce qu'il devait au défendeur, et que celui-ci, n'opposant pas la *plus petitio*, ait été condamné, ou bien qu'une sentence de condamnation ait également été prononcée contre un défendeur qui ne s'est pas prévalu de la *deductio* ou de la compensation ordinaire, il pourra sans nul doute s'en prévaloir encore à l'encontre de l'*actio judicati*[2]. Mais s'il paye ce à quoi il a été condamné, que faudra-t-il décider? Nul doute qu'il ne puisse plus exercer la *condictio*

[1] Pothier, *Traité des oblig.*, n° 640.
[2] L. 2, Cod. De compensationibus.

indebiti : «*Pecuniæ indebitæ, non ex* CAUSA JUDICATI SOLUTÆ, *esse repetitionem jure condictionis non ambigitur*[1]. » Mais la *mutua petitio* subsiste toujours [2] dans son intégralité, avec les gages et les hypothèques qui en sont les accessoires.

IV. — PAYEMENT AVEC SUBROGATION.

Les cas dans lesquels le payement a lieu avec subrogation peuvent se diviser en deux classes : 1° ceux dans lesquels celui qui paye n'est point mis par la seule force du droit au lieu et place du créancier, mais a la faculté d'exiger la cession des actions de ce dernier.

2° Ceux, au contraire, dans lesquels la subrogation s'accomplit de plein droit. Les premiers se distinguent encore des seconds par ce caractère, que ce n'est pas seulement le gage ou l'hypothèque qui est cédée, mais l'action personnelle elle-même; aussi n'entrent-ils pas dans notre recherche. La somme qui sert à désintéresser le créancier doit être considérée bien plutôt comme le prix de vente de la créance que comme ayant pour but d'éteindre la dette. C'est l'idée qu'expriment les jurisconsultes, lorsqu'en parlant du créancier ils disent : « *Quodammodo nomen debitoris vendidit*[3]. » Nous signalerons sans y insister les cas suivants : c'est un débiteur solidaire qui, poursuivi par le créancier, lui oppose l'*exceptio cedendarum actionum*[4]; c'est un fidéjusseur qui, dans les mêmes circonstances, invoque le même bénéfice[5]; enfin, c'est le tiers acquéreur d'un immeuble hypothéqué qui contraint le créancier à lui céder ses actions contre les débiteurs personnels[6].

Mais les hypothèses de la deuxième catégorie appartiennent

---

[1] L. 1, Cod. De condictione indebit.
[2] L. 7, § 1, Dig. De compensationibus.
[3] L. 36, Dig. De fidejussoribus.
[4] Argument tiré de la loi 65 au Dig. De evictionibus.
[5] L. 2, Cod. De fidejussoribus.
[6] L. 19, Dig. De his qui in priorum loc., etc. — L. 6, Dig. de heredit. vel act. vendita.

directement à notre sujet. Lorsqu'elles se produisent, l'action personnelle est vraiment éteinte, mais le droit hypothécaire survit et vient se rattacher, à titre de sûreté, à une autre créance qui est déjà née au profit de celui qui paye. Ces hypothèses peuvent se ramener à trois :

La première qui se présente est celle ou le *jus offerendæ pecuniæ* est exercé. Nous avons à voir :

1° A qui et contre qui compète le *jus offerendæ pecuniæ?*

2° A quelles conditions il s'exerce?

3° Quel en est l'effet?

1° A qui et contre qui compète le *jus offerendæ pecuniæ?*

Il appartient aux créanciers hypothécaires, les créanciers simplement chirographaires n'en jouissent pas [1]. En thèse générale, ce sont des créanciers hypothécaires qui désintéressent d'autres créanciers hypothécaires, préférables soit à raison du temps, soit à raison d'une hypothèque privilégiée, soit à raison de ce que l'hypothèque a été constitué par un *instrumentum publice confectum*, depuis qu'une constitution de l'empereur Léon était venue accorder à une hypothèque de cette nature la prééminence sur un simple *pignus privatum* [2].

Néanmoins le premier créancier peut, s'il le veut, écarter le deuxième, bien qu'il lui soit préférable. C'est Paul qui nous le dit dans ses Sentences [3] : « *Sed et prior creditor secundum creditorem, si voluerit, dimittere non prohibetur, quanquam ipse in pignore potior sit.* » Seulement, il y a lieu de se demander quel intérêt peut avoir le premier créancier à exercer ainsi à l'encontre du second le *jus offerendæ pecuniæ*. En effet, il est maître de la vente. Voici ce qu'il faut supposer : un simple pacte d'hypothèque conclu entre le débiteur et le premier créancier pour sûreté d'une dette à terme ou d'une dette conditionnelle, et puis un gage proprement dit constitué au profit d'un deuxième créancier. Il est de règle que le créancier à terme ou condi-

---

[1] L. 10, Cod. Qui potiores in pign.

[2] L. 11, Cod. Qui potiores in pign.

[3] Paul Sent., lib. II, tit. xiii, § 8.

tionnel ne peut pas, avant l'échéance du terme ou la réalisation de la condition, exercer l'action quasi-servienne contre ceux qui sont en possession de la chose; dans notre espèce, il a donc un intérêt évident à se substituer au créancier qui lui est postérieur, afin d'être nanti de la chose et de pouvoir exercer les interdits. Cet intérêt est la raison du droit que l'on reconnaît le jurisconsulte d'exercer le *jus offerendæ pecuniæ*. Il nous semble résulter avec évidence du passage précité que telle était bien la pensée véritable de Paul : il n'examine le cas particulier qu'après avoir exprimé le principe qui reçoit en pratique l'application la plus fréquente, à savoir : que ce sont les créanciers hypothécaires postérieurs qui écartent les créanciers hypothécaires antérieurs, et cela, dit le texte, *quo possessio in eum transferatur*. Ainsi, le but spécial que le jurisconsulte assigne à l'exercice du *jus offerendæ pecuniæ*, c'est de faire obtenir au deuxième créancier la possession dont le premier se trouve investi. Il est plus que probable que Paul avait dans l'esprit le même but, quand il s'est occupé de l'hypothèse où c'est le premier créancier qui écarte le second. On pourrait aussi peut-être lui supposer un autre intérêt que voici : de son temps la *lex commissoria*, c'est-à-dire la faculté pour le créancier gagiste de garder la chose à titre de propriétaire s'il n'est pas payé à l'échéance, était licite. Si donc le deuxième créancier, en se faisant accorder un gage, avait imposé au débiteur une semblable clause, le premier pouvait trouver son utilité à l'écarter, afin d'être subrogé au bénéfice de la *lex commissoria*. Cette conjecture se fonderait sur la rubrique sous laquelle se trouve placé le passage des Sentences que nous avons cité. Cette rubrique ainsi conçue : *De lege commissoria*, montre bien évidemment que Paul se préoccupait du pacte dont il est question. Quoi qu'il en soit, ce n'est plus de cela qu'il peut s'agir dans le dernier état du droit, car cette *lex commissoria*, dont pouvait être accompagnée la constitution de gage, a été formellement prohibée par une constitution de Constantin.

Le *jus offerendæ pecuniæ* ne saurait être paralysé par le

créancier hypothécaire contre lequel il est exercé, sous le prétexte que ce créancier est devenu propriétaire de la chose, soit
en vertu d'une vente, soit en vertu d'une *datio in solutum*[1]. La
raison en est qu'il a consenti à cet achat ou à cette *datio in solutum* pour consolider son droit. Nous aurons l'occasion de voir
plus amplement que dans ce cas l'hypothèque n'est point éteinte,
malgré la confusion qui s'est opérée entre la qualité de propriétaire et celle de créancier hypothécaire, et qu'à d'autres
égards elle peut produire un effet toutes les fois que l'acquéreur y a un intérêt. Si elle subsiste en sa faveur, elle subsiste aussi à son encontre, en ce sens qu'un créancier hypothécaire qui lui est postérieur peut l'écarter au moyen du *jus
offerendæ pecuniæ*.

Il en est de même lorsque c'est un fidéjusseur qui, étant
poursuivi, a obtenu de l'office du juge que la chose hypothéquée par le débiteur principal lui serait livrée à titre d'achat.
Le même motif conduit à décider que l'objet dont il s'agit peut
être enlevé à ce fidéjusseur par un autre créancier hypothécaire exerçant le *jus offerendæ pecuniæ*[2].

Enfin, lorsque le débiteur vend à un tiers la chose hypothéquée et que, suivant la convention des parties, le prix
d'achat a servi à désintéresser le créancier hypothécaire, ce
tiers se trouve subrogé de plein droit à l'hypothèque de ce dernier. Mais le *jus offerendæ pecuniæ* peut venir lui enlever
la chose pour en conférer la possession à un deuxième créancier[3]. Nous supposons avec le jurisconsulte que l'aliénation a
eu lieu sans le concours du premier créancier, autrement, les
choses seraient à considérer, comme si le premier créancier
avait lui-même vendu l'objet, cas auquel nous verrons que les
hypothèques ultérieures se trouvent purgées par le seul fait de
l'aliénation.

---

[1] L. 1, Cod. Si antiquior creditor. — L. 5, § 1, Dig. De distract. pign.
[2] L. 2, Dig. De distract. pign.
[3] L. 2, Dig. De distract. pign.

2° Conditions auxquelles doit avoir lieu le *jus offerendæ pecuniæ*.

Celui qui exerce le *jus offerendæ pecuniæ* doit rembourser au créancier ou bien au tiers-acquéreur, dans les cas que nous venons de spécifier, en ce qui touche le premier, tout ce qu'il a le droit d'exiger du débiteur en capital et en intérêts [1]; et en ce qui touche le second, tout ce qu'il a dépensé pour acquérir la chose, et, dans le cas où soit l'un soit l'autre refuserait de recevoir, les sommes remboursées devraient lui être offertes et régulièrement consignées [2].

3° Quel est l'effet du *jus offerendæ pecuniæ*?

Les conditions dont nous venons de parler étant remplies, celui qui a payé prend la place de celui qui a été payé, indépendamment de toute cession à lui consentie.

Mais il ne prend cette place que jusqu'à concurrence de la somme qu'il a employée à le désintéresser, à supposer que cette somme soit inférieure au montant de sa propre créance. Ainsi en est-il quand le créancier postérieur désintéresse, non pas le créancier qui le précède immédiatement, mais un créancier d'un rang ultérieur, de telle sorte que ceux qui occupent le rang intermédiaire restent dans la même position qu'auparavant [3].

La deuxième des hypothèses précédemment annoncées est celle où la chose hypothéquée a été aliénée par le débiteur au profit d'un tiers, à la condition que le prix servirait à désintéresser le premier créancier hypothécaire. Cette condition est essentielle pour que la subrogation aux droits de ce créancier puisse s'accomplir au profit de l'acquéreur, et cette nécessité est constatée par ces expressions: *Ut pretium perveniret ad eosdem* [4]. Il faut aussi, bien entendu, que la somme dont il s'agit ait été réellement employée dans ce but. Si la condition dont nous venons

---

[1] L. 2 et l. 3, § 1, Dig. De distract. pign. — L. 5, Cod. Qui potiores in pign.

[2] L. 1, Cod. Qui potiores in pign.

[3] L. 16, Dig. De his qui in priorum, etc.

[4] L. 3, Cod. De his qui in priorum, etc.

de parler n'avait pas expressément accompagné l'aliénation, l'hypothèque aurait été éteinte en même temps que la créance elle-même ; et si le débiteur avait consacré le prix à un autre usage, il ne resterait d'autre ressource au tiers acquéreur, quand il serait poursuivi par le créancier hypothécaire, que de se faire céder ses actions à l'aide de l'exception *cedendarum actionum*. Mais la subrogation ne s'accomplirait pas de plein droit.

La troisième et dernière hypothèse dont nous avons à parler est celle où un tiers prête des deniers au débiteur, à l'effet de désintéresser le premier créancier hypothécaire. Pour que ce tiers soit subrogé aux droits de ce créancier, deux conditions sont indispensables. Il faut : 1° Qu'il soit formellement convenu que la somme prêtée servirait à écarter le créancier [1];

2° Que le prêteur des deniers se fasse lui-même constituer une hypothèque sur la même chose. Cette nécessité est proclamée par la loi 1 au Code, *De his qui in priorum cred.*, et du reste elle résulte formellement des principes. C'est ainsi qu'un créancier purement chirographaire ne peut pas exercer le *jus offerendæ pecuniæ* à l'encontre d'un créancier hypothécaire. Il faut que le créancier qui se prévaut de ce droit ait lui-même un droit réel sur la chose et qu'il agisse en vue de consolider ce droit. Quant au tiers acquéreur, la convention aux termes de laquelle le prix d'acquisition doit servir à désintéresser le créancier est suffisante, parce que l'aliénation lui confère par elle-même un droit réel, à savoir le droit de propriété. Mais celui qui se contente de prêter des deniers sans se faire concéder à lui-même une hypothèque, ne peut pas plus être subrogé aux droits du créancier désintéressé, même en vertu de la convention formelle des parties, que ne pourrait l'être un créancier purement chirographaire qui désintéresserait lui-même un créancier hypothécaire.

Il arrive quelquefois que le créancier éteigne sa créance et par suite l'hypothèque en se payant de ses propres mains. Dans

---

[1] L. 12, § 8, Dig. Qui potiores in pign.

l'ancien droit, lorsque le *pignus* était constitué, *contracta fiducia*, et qu'il avait pour objet un esclave, les acquisitions faites par ce *fiduciarius servus* appartenaient de plein droit au créancier gagiste, par la raison que celui-ci était propriétaire de l'esclave. Ces acquisitions diminuaient de plein droit le capital de la dette [1]. Il ne peut plus être question de cela dans le nouveau droit. Le créancier gagiste n'acquiert plus la propriété de la chose engagée, mais seulement la *possessio ad interdicta* [2]. Mais on peut supposer que l'objet donné en gage soit une chose frugifère ; en pareil cas, le créancier non-seulement peut, mais doit percevoir les fruits, en les imputant sur les intérêts de la créance d'abord, et subsidiairement sur le capital [3]. A cet effet, il peut même louer ou affermer la chose au débiteur ou à tout autre personne [4].

Il va sans dire que le capital de la dette n'étant que successivement et fictivement éteint, l'hypothèque, à raison de son indivisibilité, subsiste, pour le tout, tant que l'on n'est pas arrivé à une extinction totale. Mais quand on y est arrivé, l'hypothèque est éteinte par ce payement intégral que le créancier s'est fait à lui-même de ses propres mains.

Lorsque le créancier se paye avec le prix provenant de la vente qu'il a faite de la chose hypothéquée, il s'élève des questions d'imputations qui doivent être résolues suivant certaines règles spéciales ; les textes prévoient sur ce point trois hypothèses :

Première hypothèse. — La même personne a contracté vis-à-vis du même créancier deux dettes ; l'une garantie par une hypothèque, et l'autre purement chirographaire. Si le débiteur payait lui-même, il aurait le droit de diriger l'imputation sur celle des deux qu'il voudrait. Mais voilà que le créancier vend la chose hypothéquée ; l'imputation n'est plus alors au pouvoir

[1] Paul. Sent., liv. II, tit. xiii, § 2.

[2] L. 37, pr., Dig. De adq. rerum domin. — L. 1, § 15, Dig. De adq. possessione.

[3] L. 5, § 21, Dig. Ut in possess. leg. — L. 1, 3, 12, De pign. Act. Cod. — L. 1, Cod. De distract. pign.

[4] L. 35, § 1. — L. 37, Dig. De pign. Act. — L. 37, Dig. De adq. possess. — L. 28, Dig. Cod. Tit. — L. 23, pr., Dig. De pignoribus.

du débiteur. Dans la loi 101, §1, au Dig., *De solutionibus*, Paul nous dit, *aliam causam esse debitoris solventis, aliam creditoris pignus distrahentis*. Dans le cas dont il s'agit, le créancier a le droit d'imputer le prix de vente sur la dette pour laquelle il avait hypothèque, quand bien même, ajoute le jurisconsulte, ce serait une obligation naturelle, et, par suite, une obligation complétement dépourvue d'action.

Deuxième hypothèse. — Un créancier prête trente et reçoit un fidéjusseur jusqu'à concurrence de vingt, et une hypothèque jusqu'à concurrence de dix. Il vend la chose hypothéquée et en retire dix ; d'après ce qui précède, il aurait le droit d'imputer cette somme uniquement sur la partie de la dette garantie par l'hypothèque, de telle sorte que le fidéjusseur resterait tenu pour vingt. Marcellus est ici complétement d'accord avec Paul [1]. Mais, supposons que ce soit le débiteur qui ait payé dix et que les parties aient gardé le silence, la question se présentait de savoir si ces dix devaient être imputés sur la totalité de ce qui était dû, ou bien seulement sur ce que devait le fidéjusseur? Il paraît que certains jurisconsultes s'étaient prononcés dans le premier sens ; mais leur opinion est répudiée par Marcellus. « Certes, dit-il, si le débiteur l'avait voulu, il aurait pu forcer le créancier à faire l'imputation sur les vingt dus par le fidéjusseur. Il y a là, pour ainsi dire, deux dettes distinctes, et le débiteur peut acquitter celle qu'il a le plus d'intérêt à éteindre. Son silence doit donc être interprété dans le sens de son intérêt, et, par suite, l'imputation doit être dirigée sur les vingt pour lesquels le fidéjusseur s'est engagé.

Troisième hypothèse. — Un débiteur hypothèque des choses à la sûreté de deux créances dont l'une est plus ancienne que l'autre. Le créancier vend ces choses, comment s'imputera le prix de vente? Papinien distingue : si les choses hypothéquées l'ont été en même temps, l'imputation se fera sur les deux dettes proportionnellement au montant de chacune d'elles, et le créan-

[1] L. 73, Dig. De solutionibus.

cier ne pourra pas faire d'une autre manière, ce qui, à raison des circonstances du fait, serait contraire à l'intention des parties. Mais, si les objets dont il s'agit ont été successivement hypothéqués en des temps différents à la sûreté de chacune des deux créances, le créancier dirigera l'imputation sur la dette la plus ancienne, et l'excédant seulement sur la dette la plus récente [1].

SECTION DEUXIÈME.

Des modes de satisfaction analogues au payement.

Nous les diviserons en deux classes :
1° Ceux qui opèrent *ipso jure* ;
2° Ceux qui opèrent *exceptionis ope.*

§ I. *Modes de satisfaction analogues au payement qui opèrent ipso jure.*

I. — DATIO IN SOLUTUM.

La question de savoir si la *datio in solutum* opérait *ipso jure* ou *exceptionis ope* était controversée entre les deux écoles. Les Sabiniens s'étaient prononcés dans le premier sens ; les Proculiens dans le second [2]. Il va sans dire que nous nous plaçons dans le système des Sabiniens, législativement consacré par Justinien [3], sauf à examiner plus tard les conséquences auxquelles on aboutissait dans le système des Proculiens.

Lorsque le débiteur, avec l'assentiment du créancier, lui donnait *in solutum* une chose dont il était propriétaire, la créance était éteinte, et avec elle les hypothèques, qui en étaient les accessoires. Mais qu'arrivait-il dans le cas où, la *datio in solutum* ayant été faite *a non domino*, le créancier se trouvait plus

[1] L. 96, § 5, Dig. De solutionibus.
[2] Gaius, Com. III, § 168.
[3] Instit., pr. quib. mod. tollitur oblig.

tard évincé? Pouvait-il exercer l'action primitive ou devait-il être considéré comme un acheteur et se pourvoir *in id quanti intererat* au moyen de l'action *ex empto?* Distinguons deux cas :

Premier cas. — Le débiteur devait une somme d'argent et il a donné une chose en payement ; c'est l'*actio utilis ex empto* que les textes lui donnent[1]. Dans cette hypothèse il n'y a pas de texte qui vienne contredire cette solution. Les Sabiniens devaient considérer l'opération comme une vente. C'est en se plaçant à ce point de vue qu'ils assignaient à la *datio in solutum* l'effet d'éteindre la dette *ipso jure;* ils devaient traiter les choses comme si le débiteur avait commencé par payer ce qu'il devait et, comme si le créancier, recevant ensuite la chose donnée en payement, rendait à titre de prix l'argent qui lui était primitivement dû; de cette façon, l'obligation avait été éteinte *ipso jure* par un véritable payement, et la suite de l'affaire était regardée comme une vente. Après l'éviction, le créancier n'avait donc plus sa première action, mais celle dont se trouve investi tout acheteur évincé. Cela pouvait lui être fort utile dans le cas où son ancien débiteur était solvable et où la chose avait augmenté de valeur au moment ou le véritable propriétaire la lui enlevait, mais en revanche, il pouvait par là éprouver un préjudice, soit lorsque le débiteur était insolvable, soit lorsque la chose avait diminué de valeur : il avait définitivement perdu l'action qui lui compétait auparavant, et avec elle le gage ou l'hypothèque qui la garantissait.

Deuxième cas. — Le débiteur devait une certaine chose, et du consentement de son créancier, lui a donné une autre chose; il il a payé *rem pro re* cette circonstance n'était pas de nature à modifier la doctrine des Sabiniens. Nous savons, en effet, qu'ils assimilaient le contrat *do ut des* à la vente, en considérant comme le vendeur celle des deux parties qui avait proposé la chose à l'autre. Dans notre espèce, le vendeur était donc le débiteur: c'était lui qui *rem venalem habuerat*, et l'*actio utilis ex*

---

[1] L. 24, pr., De pignerat. act.

empto accordée au créancier évincé n'avait rien que de conforme aux idées que professaient ces jurisconsultes.

Un rescrit de l'empereur Antonin, qui forme la loi 4 au Code, *De evictionibus*, donne du reste la même solution, sans distinguer si le débiteur a donné *rem pro pecunia* ou *rem pro re* : « *Si prædium tibi pro soluto datum est quod aliis creditoribus fuerit obligatum, causa pignoris mutata non est. Igitur si hoc jure fuerit evictum, utilis tibi actio contra debitorem competit. Nam hujus modi contractus vicem venditionis obtinet.* »

Au surplus, la doctrine des Sabiniens sur l'assimilation de l'échange à la vente, lorsque l'un des contractants *venalem rem habuit*, fut législativement consacrée par un rescrit de Gordien[1]. A partir de ce moment, le créancier évincé à la suite d'une *datio in solutum* ne dût plus avoir que l'*actio ex empto in id quod interest*, sans pouvoir exercer son droit antérieur, ni par suite les hypothèques par lesquelles il était garanti. La législation postérieure le traite toujours comme un acheteur, et c'est là ce qui a servi de base à la décision qu'on rencontre dans l'authentique *hoc nisi debitor...* tirée de la Novelle 4, ch. III, et mise à la suite de la loi 16 au Code, *De solutionib. et liberat*. Ce texte porte que si le débiteur se trouve dans l'impossibilité de payer à son créancier une somme d'argent ou tout autre chose mobilière, il peut lui donner *in solutum* un immeuble sous certaines conditions indiquées dans la Novelle, et spécialement à la charge de lui donner caution touchant l'éviction.

En résumé, l'opinion des Sabiniens, qui, sur ce point, a prévalu, était que le créancier qui consentait à recevoir une autre chose en remplacement de ce qui lui était dû, soit en échange d'une somme d'argent, soit en échange de tout autre objet, perdait d'une manière définitive et irrévocable la créance primitive avec ses sûretés, et cela malgré l'éviction qu'il subissait plus tard, de telle sorte qu'il avait pour ressource unique l'action en garantie que tout acheteur évincé a contre son vendeur.

[1] L. 1, Cod. De rerum permutatione.

II. — Novation.

Nous ne parlons pour le moment que de la novation dite volontaire, résultant, soit de la stipulation, soit des *nomina transcriptilia*. Le principe est que la dette étant novée l'hypothèque est éteinte. Cette règle reçoit néanmoins exception, lorsque l'hypothèque a été formellement réservée : *Novata debiti obligatio pignus perimit, nisi convenit ut pignus repetatur*[1]. Mais de quelle manière cette réserve doit-elle avoir lieu ? Il faut à cet égard distinguer les hypothèses :

1° La novation s'opère entre le même créancier et le même débiteur. — Dans ce cas, il ne saurait y avoir de difficulté. L'hypothèque qui garantissait la première créance peut être transférée, suivant son rang, à la deuxième, bien entendu sans que les créanciers intermédiaires aient à en souffrir. Le créancier se trouve alors subrogé à lui-même, il a donné son adhésion à la deuxième dette dans le but qu'elle servirait à le désintéresser de la dette primitive ; et comme il y a rattaché les hypothèques dont il était investi auparavant, soit purement et simplement[2], soit en ajoutant de nouveaux gages aux premiers, on traite la chose de la même manière que si un tiers prêtait des deniers au débiteur pour écarter un créancier hypothécaire et à condition d'être subrogé ; ici seulement, c'est le créancier qui, pour parler le langage des textes, se succède à lui-même[3].

2° La novation s'est accomplie entre le créancier et un *expromissor*. — Nul doute que le débiteur primitif ne puisse consentir à la réserve de l'hypothèque sur son immeuble pour sûreté de la nouvelle obligation, toujours, bien entendu, dans les limites de la première, afin que les créanciers d'un rang intermédiaire n'en souffrent pas. Mais pourrait-on se passer de son consentement ? Voici sur ce point l'expression de notre pensée ;

---

[1] L. 11, § 1, Dig. De pignerat. Actione.
[2] L. 21, pr., Dig. Qui potiores in pign.
[3] L. 12, § 5, Dig. Qui potiores in pign. — L. 3, pr., Dig. Qui potiores in pign.

les règles de la stipulation romaine s'opposent à ce qu'on admette une pareille idée. La novation qui résulte de l'*expromissio* éteint la dette et avec elle les gages et les hypothèques. Le seul tempérament qui soit admis, c'est que la réserve de l'hypothèque est valable, pourvu que le débiteur primitif y adhère. C'est une condition *sine qua non*. Mais nous ajoutons que, pour justifier cette interprétation, nos jurisconsultes ont invoqué à contre-sens certains textes et négligé de s'appuyer sur les véritables sources. C'est ainsi que Pothier s'est fondé sur la loi 30 au Dig., *De novationibus*. L'hypothèse prévue par Paul est celle-ci : le créancier, dans l'intention de faire novation, stipule de Sempronius, mais de façon à ce que l'obligation primitive soit éteinte d'une manière absolue, *ita ut a prima obligatione in universum discederetur*. Ainsi la première obligation a disparu et avec elle tous ses accessoires. Maintenant le créancier et le nouveau débiteur voudraient, après coup, hypothéquer la chose du débiteur libéré, à la sûreté de la deuxième créance. Il va de soi qu'ils ont besoin du consentement du premier débiteur ; mais le texte ne dit en aucune façon qu'on n'aurait pas pu négliger ce consentement au moment même de l'*expromissio*.

Pothier aurait pu plus justement présenter comme l'expression de la véritable doctrine romaine sur ce point la loi unique au Code, *Etiam ob chirograph. pec.* Cette constitution de l'empereur Gordien suppose aussi un *expromissor* et une réserve faite avec lui de l'hypothèque primitive. Cette réserve produira son effet, mais à la condition qu'au moment où la novation s'est opérée l'*expromissor* sera devenu propriétaire du fonds hypothéqué ; d'où il résulte qu'elle aurait été inefficace, du moins à elle seule, si l'immeuble dont il s'agit était resté la propriété du premier obligé.

3° Un tiers a hypothéqué un fonds à la sûreté de la dette d'autrui. De quelque manière que la novation se produise, l'hypothèque ne pourra être réservée qu'avec le consentement formel du tiers dont il s'agit. Ici la solution ne dérive plus des principes rigoureux qui régissent la stipulation romaine ; le tiers dont nous parlons peut très-bien être assimilé à une caution, seulement, c'est une caution réelle; or, à propos du fidéjusseur, les textes nous disent : « *Cum vero genere novationis transeat obligatio, fidejus- sorem.... liberandum* [1] » « *novatione legitime perfecta debiti in alium translati, prioris contractus fidejussores... liberatos esse non ambigitur, si modo in sequenti se non obligaverint* [2]. »

On conçoit tout cela très-rationnellement; dans le cas surtout où la novation s'est opérée par changement du débiteur, peut-être le fidéjusseur s'est-il obligé et le tiers a-t-il hypothéqué sa chose en vue des garanties de solvabilité que présentait le débi- teur primitif. Mais il en est de même lorsque c'est de tout autre manière que la novation s'accomplit, car la caution, soit person- nelle, soit réelle, peut dire que si elle avait prévu ce change- ment elle ne se serait pas engagée ou n'aurait pas engagé sa chose.

4° La même solution est à donner si, le débiteur ayant aliéné la chose hypothéquée, il s'opère ensuite une novation; le con- sentement du tiers acquéreur devra être donné pour que l'hypo- thèque puisse être réservée.

III. — Confusion.

Lorsque le débiteur devient l'héritier du créancier ou réci- proquement, ou bien lorsqu'un tiers succède à la fois à l'un et à l'autre, la créance et la dette se réunissent sur la même tête et se paralysent réciproquement. De là il suit qu'en règle gé- nérale l'hypothèque se trouve paralysée en même temps que l'obligation, par suite de l'impossibilité de fait dans laquelle se trouve une personne de se poursuivre elle-même. Mais on peut concevoir des cas dans lesquels celui qui réunit les deux qua- lités de créancier et de débiteur, a un intérêt à soutenir le main- tien du gage. On n'a qu'à supposer qu'un créancier gagiste a été institué héritier par son débiteur avec la charge de restituer l'hérédité à un fidéicommissaire. Lorsqu'il aura fait adition,

[1] L. 60, Dig. De fidejussoribus.
[2] L. 4, Cod. De fidejussoribus.

son action personnelle sera éteinte, et si le gage qu'il a reçu suit le même sort, il sera obligé de le restituer au fidéicommissaire avec toutes les autres choses de la succession. Si au contraire il peut démontrer que, malgré la confusion de l'obligation, il y a une raison pour que l'hypothèque subsiste, il pourra retenir l'objet qui lui a été engagé, le vendre, et, pour le cas où il ne trouverait pas d'acheteur, s'en faire attribuer la propriété en suivant les formes voulues. La question dont il s'agit ici doit être ramenée à celle-ci : La confusion dans l'espèce est-elle un mode de satisfaction analogue au payement? Pour y répondre, nous avons à recourir au criterium que nous avons formulé avec les jurisconsultes romains et à rechercher si la confusion a été volontaire ou forcée. Cette distinction a été rendue possible par l'une des dispositions du sénatus-consulte Pégasien, en vertu de laquelle l'héritier qui veut omettre une hérédité comme suspecte peut être contraint *jussu prætoris* à faire adition à l'effet de soutenir les legs et les fidéicommis. Il est bien évident que, s'il a fallu recourir à l'intervention du magistrat pour forcer la volonté de l'institué, la confusion qui a été la suite de l'adition n'est ni un payement ni un mode de satisfaction analogue. Aussi laissons-nous de côté ce cas qui n'entre pas actuellement dans cette recherche et qui est longuement traité dans la loi 59 au dig., *Ad sen.-cons. Trebellianum.* Mais si l'héritier, spontanément et de son plein gré, a fait adition, nous pensons qu'il faut envisager les choses tout autrement. Il est vrai que cette hypothèse n'est pas formellement prévue par les textes. Mais d'une part la loi précitée fournit un puissant argument *a contrario*, les jurisconsultes romains n'ont pas l'habitude de relever avec tant de soin les circonstances de fait, quand elles sont indifférentes à la solution. D'autre part, la loi 9, § 3, au dig., *De pignerat. act.* nous a dit : « *Satisfactum autem accipimus, quemadmodum voluit creditor, licet non sit solutum.* » Or, en faisant adition d'hérédité sans y être contraint, l'héritier a bien volontairement abdiqué sa créance. Il ne pouvait ignorer la confusion qui allait se produire.

§ 2. *Modes de satisfaction analogues au payement qui s'opèrent exceptionis ope.*

I. — Du Pactum de non petendo.

Le créancier a promis à son débiteur de ne jamais rien lui demander : l'action personnelle, à quelque époque qu'elle soit intentée, sera paralysée au moyen de l'*exceptio pacti conventi*. La même exception paralysera l'action hypothécaire, cela ne peut faire doute, lorsque celle-ci sera exercée contre le débiteur lui-même ; mais que décider si elle l'est contre un tiers ? Au premier abord, on pourrait dire que le pacto *de non petendo* dont il s'agit est *in personam*. Mais les jurisconsultes ne s'arrêtent pas à ce point de vue, et ils décident que le tiers détenteur sera, comme le débiteur lui-même, affranchi de l'hypothèque[1].

II. — Du Jusjurandum.

Le *jusjusrandum* déféré par le créancier au débiteur, renferme en lui-même un *pactum de non petendo* pour le cas où le débiteur jurera qu'il ne doit rien. L'identité de principe conduisait donc à l'identité de solution. Aussi, les textes sont-ils unanimes à nous dire que la chose est affranchie de l'hypothèque, comme la personne de l'obligation[2].

III. — Exceptio rei judicatæ.

Nous nous plaçons, bien entendu, dans le cas d'un *judicium imperio continens* ou d'un *judicium legi imum* destiné à faire valoir une action personnelle *in factum*, le système formulaire étant donné.

M. de Savigny a soutenu qu'une sentence injuste d'absolution laissait subsister l'hypothèque et que l'action personnelle seule était éteinte par l'exception *rei judicatæ*. Voici les arguments de ce célèbre romaniste : une hypothèque peut être constituée pour

[1] L. 5, Dig. Quib. modis pign. vel, etc.
[2] L. 13, Dig. Quib. modis pign., etc. — L. 40, Dig. De jurejurando.

toute espèce d'obligation, soit civile, soit prétorienne, soit simplement naturelle[1]. Toutes les fois qu'une *naturalis obligatio* survit à l'obligation civile, l'hypothèque persiste : « *Ex quibus casibus naturalis obligatio consistit, pignus perseverare constitit*[2]. Or, une absolution injuste laisse à la charge du débiteur une obligation naturelle, et la preuve, c'est que s'il vient à payer, la *condictio indebiti* lui sera refusée[3]. Enfin, supposez qu'un débiteur tue ou mutile l'esclave qu'il a donné en gage. S'il est solvable, le créancier pourra la plupart du temps obtenir *id quanti interest*, à raison de l'action personnelle résultant du contrat. Mais il peut se faire qu'il n'ait plus cette action, *quia forte causa ceciderat*, l'*actio pigneratitia contraria* sera suppléée par l'*actio legis Aquiliæ*[4]. Suivant M. de Savigny, le jurisconsulte raisonne dans l'hypothèse où le créancier aurait antérieurement perdu son procès en agissant contre le débiteur. La sentence rendue contre lui aurait laissé subsister le gage, et c'est pour cela que maintenant il pourrait exercer l'*actio legis Aquiliæ utilis.*

Reprenons ces arguments.

Qu'une hypothèque puisse être valablement constituée pour assurer l'efficacité d'une *naturalis obligatio*, nous ne songeons pas à le nier : plus spécialement nous avouons que si, après avoir été absous, le débiteur avait donné un gage à son créancier pour sûreté de l'obligation naturelle à laquelle il est soumis, ce gage serait parfaitement valide et, si les textes ne s'occupent pas d'un cas semblable, c'est à raison de sa rareté pratique. Mais ce n'est point là la question ; car il s'agit de savoir, non pas si l'hypothèque concédée *a posteriori* par un débiteur injustement absous est valable ou non, mais si l'hypothèque constituée comme accessoire d'une obligation civile s'éteint avec cette obligation par suite de la sentence du juge.

[1] L. 5, Dig. De pignoribus.
[2] L. 14, § 1, Dig. De pignoribus.
[3] L. 60, pr., Dig. De condict. indebit.
[4] L. 27, Dig. De pignoribus.

Quant à la règle posée par la loi 14, § 1, au Dig., *De pignoribus,* à savoir : que l'hypothèque persiste dans tous les cas où la *naturalis obligatio* continue d'exister, elle est revêtue d'une fausse apparence de généralité, comme tant d'autres qu'el'on rencontre dans les Pandectes. C'est ainsi que la loi 60, au Dig., *De fidejussoribus,* nous dit : « *Ubicunque reus ita liberatur a creditore, ut natura debitum maneat, teneri fidejussorem respondit.* » Ce qui n'empêche pas la loi 7 pr. au Dig., *De exceptionibus,* de mettre l'exception *rei judicatæ* au nombre des exceptions *rei cohærentes* qui peuvent être invoquées du chef du *reus* par le fidéjusseur.

Enfin, l'interprétation donnée par M. de Savigny aux mots de la loi 2, *De pignoribus,* « *quia forte causa ceciderat,* » est purement arbitraire. Ces expressions peuvent s'entendre d'une déchéance encourue par suite d'une *plus petitio* ou par suite d'une de ces exceptions de procédure dont nous aurons l'occasion de parler, et qui respectent l'hypothèque tout aussi bien et mieux que l'*exceptio rei judicatæ.*

Au surplus, la question est tranchée d'une manière décisive par la loi 13 au Dig., *Quibus modis pig. vel hyp. solvit.* « *Nam et si a judice quamvis per injuriam absolutus sit debitor, tamen pignus liberabitur.* » M. de Savigny fait des efforts pour échapper à l'autorité de ce texte; dans une note, il fait subir à sa doctrine les modifications suivantes : 1° le gage n'est éteint qu'*exceptionis ope;* 2° cette exception profitera bien au débiteur lui-même ou à ses ayants cause, mais non aux tiers *penitus extranei.* La théorie ainsi modifiée ne nous semble pas plus acceptable qu'auparavant, dans la *loi 13 précitée.* Tryphoninus ne fait aucune distinction, il dit d'une manière absolue : *pignus liberabitur.* Cette décision a d'autant plus de force, que l'*exceptio rei judicatæ* est mise par le jurisconsulte sur la même ligne que l'*exceptio jurisjurandi.* Or, cette dernière exception doit évidemment produire le même effet que l'*exceptio pacti conventi,* et Marcien, dans la loi 5 Dig., *Quibus modis pign.,* nous a dit que le *pactum de non petendo,* fait avec le débiteur, profitait aux tiers détenteurs sans distinguer si ce sont des ayants cause ou des tiers *penitus extranei*; « *quid si hoc actum sit cum forte alius hypothecam possidebit..* » Enfin, l'extinction de l'hypothèque par suite de la sentence d'absolution, même injuste, est en parfaite harmonie avec les règles de la matière. En intentant contre son débiteur l'action ¸ersonnelle, le créancier s'en est remis d'avance et volontairement à ce que déciderait le juge, se considérant comme satisfait par cette décision, fut-elle contraire à ses intérêts.

IV. — Datio in solutum dans l'opinion des Proculiens.

Suivant l'opinion des Proculiens, le débiteur qui livre et le créancier qui accepte autre chose que ce qui est dû entendent, l'un faire un payement et l'autre en recevoir un. Toutefois, leur intention n'est pas compatible avec la nature des choses; pour que l'obligation soit accomplie, il faut que ce qui a été payé soit vraiment ce qui était dû. Sans cela la dette subsiste; mais, comme il y aurait dol, de la part du créancier, s'il en réclamait l'exécution précise, il serait repoussé par l'*exceptio doli*. Il faut, bien entendu, supposer qu'il est devenu propriétaire de ce qu'il a reçu, autrement l'exception ne saurait être invoquée contre lui. Cela étant posé, lorsque la *datio in solutum* a été faite *a domino*, bien qu'elle ne constitue pas un payement proprement dit, il y a là un mode de satisfaction qui présente, avec le payement, l'analogie la plus grande, et qui, par suite, éteint l'hypothèque. Mais lorsqu'elle émane *a non domino* et que le créancier subit éviction, d'une part, l'action personnelle primitive n'a pas été éteinte *ipso jure*; d'autre part, l'*exceptio doli* n'a pas d'application possible, d'où la conséquence que l'hypothèque a survécu comme la dette elle-même. C'est ainsi que s'explique la loi 46 au Dig., *De solutionibus*: « *Si quis aliam rem pro alia volenti solverit, et evicta fuerit res, manet pristina obligatio*, etc. » Par là se trouve levée la contradiction apparente de ce fragment avec la loi 24 pr., au Dig., *De evictionibus*.

Cujas a présenté une autre interprétation. Suivant lui, le contraste de ces deux lois ne serait pas résolu par la distinction que nous avons faite entre l'opinion des Sabiniens et celle des Proculiens; mais, par la différence des circonstances, l'une statuerait dans l'hypothèse où le débiteur a donné *rem pro pecunia*, l'autre dans celle où il a donné *rem pro re*. Dans la première, l'opération peut être assimilée à une vente, tandis qu'il n'en est pas de même dans la seconde. Dans notre opinion au contraire la comparaison de ce qui a été payé avec ce qui devait l'être est complétement indifférente; et nous pensons, que, dans le cas où une chose a été donnée au lieu et place d'une somme d'argent, les Proculiens adoptaient la même décision que dans le cas où une chose avait été donnée au lieu et place d'une autre chose. Néanmoins pour repousser la distinction de Cujas, nous n'invoquerons pas la loi 98 pr. au Dig., *De solutionibus*, qui maintient l'ancienne créance d'une façon absolue. Cet argument de texte n'est pas en effet décisif, et il peut parfaitement se concilier avec le système de Cujas par des raisons particulières à la dot. Il s'agit d'un homme qui, après avoir hypothéqué ses biens, hypothèque ensuite l'un d'entre eux, un fonds, par exemple, à la sûreté de la dot qu'il a constituée à sa fille par voie de *promissio*. Au lieu de payer la dot promise en quoi qu'elle consiste, il transfère au mari la propriété du fonds hypothéqué. Le mari est évincé par le premier créancier. Paul décide qu'il pourra recourir contre son beau-père *ex dotis promissione*, c'est-à-dire en vertu de l'action *ex stipulatu*. La raison en est que le fonds dont il s'agit est lui-même devenu dotal par voie de *datio*, suivant l'intention des parties. Si le mari n'avait pas eu pour ressource l'action *ex stipulatu* en vertu de la constitution de dot primitive, il eût été complétement désarmé. Lors, en effet, que la dot était constituée par *datio*, le mari évincé n'avait droit à aucune garantie, à moins que la *datio* n'eût été accompagnée d'une estimation. C'était le seul cas où l'opération pût être considérée comme une vente, et cette circonstance faisait ici défaut. Il n'y a donc rien à conclure de ce texte, ni pour ni contre l'explication de Cujas. Mais, en exposant le système des Sabiniens, nous avons cité une constitution d'Antonin qui forme la loi 5 au Code, *De Evictionibus*, et qui donne l'action *utilis ex empto* au créancier évincé sans qu'il y ait à distinguer la nature des choses qui ont été remplacées l'une par d'autre.

CHAPITRE II.

MODES DE SATISFACTION NON ANALOGUES AU PAYEMENT.

. Nous suivrons la même marche et nous distinguerons, 1° les modes qui opèrent *ipso jure*;

2° Ceux qui opèrent *exceptionis ope*.

SECTION PREMIÈRE.

Modes operant *ipso jure*.

Parmi les modes d'extinction *ipso jure*, il en est deux qui, dans certaines circonstances déterminées par les textes, ne sont pas définitifs. Ce sont : l'acceptilation, et la novation qui revêt la forme de l'*expromissio*; en y ajoutant la confusion qui se produit contre le gré du créancier, plus la *litis contestatio*, nous avons le cadre complet de cette partie de notre sujet.

I. — ACCEPTILATION.

Un débiteur contraint par violence son créancier à lui faire acceptilation d'une dette garantie par une hypothèque. D'après le droit civil, l'obligation est éteinte avec tous ses accessoires. Mais le droit prétorien vient au secours du créancier par l'un ou l'autre des deux procédés que voici : le créancier peut se pourvoir par l'action *quod metus causa*. C'est une action complètement indépendante de celle qu'il a perdue. Il prétend qu'il a été victime d'une violence. Lorsque le juge aura vérifié cette prétention, il ordonnera au défendeur de replacer le demandeur dans la même situation qu'auparavant, c'est-à-dire de contracter vis-à-vis de lui une obligation exactement semblable à celle qui a été anéantie, et de rétablir les hypothèques dans le rang qu'elles occupaient. Si le défendeur n'obéit pas à l'*arbitrium judicis*, il sera condamné au quadruple ou au simple de l'*id quanti interest*, suivant que l'on se trouvera dans le courant de l'année ou à une époque ultérieure. Dans ce cas, il est évident que ni l'action primitive ni les hypothèques qui la garantissaient ne revivront. Le demandeur ne pourra réclamer que le montant de la *litis æstimatio*, en courant les chances de l'insolvabilité de son débiteur. Si, au contraire, ce dernier exécute volontairement l'ordre du juge, il obtiendra son absolution, mais l'ancienne créance sera restituée au créancier avec ses sûretés par un contrat nouveau [1]. Le créancier peut aussi, s'il le veut, laisser de côté l'action *quod metus causa* et choisir la voie de la *in integrum restitutio*. Dans cette nouvelle procédure, tout sera terminé par le magistrat, à la suite d'une *cognitio extraordinaria* qui rétablira l'état antérieur, ou bien les parties seront renvoyées, suivant les circonstances, devant un *judex* avec la formule de l'ancienne action délivrée sous forme fictice, du moins s'il s'agit de l'action personnelle. Ni dans l'un ni dans l'autre cas, l'hypothèque n'aura été éteinte, et dans l'exercice de l'action hypothécaire il ne sera pas nécessaire de recourir au procédé des fictions. Dans l'espèce particulière qui nous occupe, cette opinion ne repose pas formellement sur les textes. Mais elle nous semble résulter par analogie des décisions que donnent les jurisconsultes dans les hypothèses qui vont suivre.

II. — Novation.

Première hypothèse. — Un mineur de vingt-cinq ans se porte *expromissor* pour le compte de quelqu'un, ensuite il demande la *in integrum restitutio* contre son engagement, ainsi qu'il en a le droit. Le créancier peut recourir contre son débiteur primitif, mais en ce qui touche l'action personnelle, il aura besoin

[1] L. 10, § 1; Dig. Quod metus causa.

d'une *restitutoria actio*. Quant à l'hypothèque, Pomponius s'exprime ainsi : « *Et pignus quod dederat prior debitor manet obligatum* [1]. » Ainsi l'hypothèque a survécu et il ne sera pas nécessaire de recourir à un moyen extraordinaire pour l'exercer.

Deuxième hypothèse. — Voici quelque chose de plus décisif. Contrairement à la prohibition du sénatus-consulte Velléien, une femme intercède pour le compte d'autrui en se portant *expromissor*. Le créancier n'est pas déchu de tout droit contre son précédent débiteur; seulement, s'il veut se pourvoir contre lui par l'action personnelle qu'il avait auparavant, il ne pourra l'intenter que sous la forme restitutoire. Mais ce procédé sera inutile pour l'action hypothécaire. Dans la loi 13, § 1, *ad Senatcons. Velleianum*, au Dig., Gaius dit formellement : « *De pignoribus prioris debitoris non est creditori nova actione opus, cum quasi Serviana quæ et hypothecaria vocatur in his utilis sit.* » Et le motif qu'il en donne est précieux à noter : « *Quia verum est convenisse de pignoribus, nec solutam esse pecuniam.* » La seule question qu'ait à résoudre le juge est celle de savoir s'il y a eu une convention d'hypothèque; si, au moment de cette convention, la chose était *in bonis debitoris*, et si depuis il n'y a pas eu un payement. Or, dans le cas proposé, l'*expromissio* n'est pas un payement ; ce n'est pas même un mode de satisfaction analogue; pour cela il aurait fallu qu'elle fût définitive, et la femme peut la faire évanouir à l'aide de l'*exceptio senatusconsulti Velleiani*. La raison formulée par Gaius en termes si précis n'a rien qui ne s'applique aux propositions que nous avons émises dans les hypothèses précédentes.

III. — Confusion.

La question de la survivance de l'hypothèque malgré la confusion a été traitée par les jurisconsultes dans les deux hypothèses suivantes :

Première hypothèse. — Un débiteur institue pour son héri-

---

[1] L. 50 in fine, Dig. De minoribus.

tier le créancier auquel il avait donné un gage en le chargeant par un fidéicommis de restituer la totalité de l'hérédité à un tiers. Le créancier refuse de faire adition, dans la crainte que la succession ne soit onéreuse. Le fidéicommissaire a recours à l'intervention du préteur en invoquant le sénatus-consulte Pégasien. Le magistrat donne l'ordre à l'héritier de faire adition. Si le créancier obéit à cet ordre, sa créance va s'éteindre par la confusion, aussi pourrait-il le décliner jusqu'à ce que le fidéicommissaire l'ait payé ou tout au moins lui ait donné caution de le payer. Mais il néglige de prendre cette précaution et il exécute le *jussus prætoris*. La confusion qu'il devait redouter s'est opérée, et il ne peut plus s'agir pour lui d'exercer son action personnelle. Mais le gage se trouve-t-il maintenu? Cette question est complexe et doit être examinée, soit dans le cas où le créancier est encore nanti du gage, soit dans le cas où c'est le fidéicommissaire qui est en possession. Dans la première hypothèse, le fidéicommissaire ne peut pas exercer contre lui l'*actio pigneratitia directa* pour le contraindre à restitution; mais pourquoi? Cujas répond : Parce que cette action n'est pas héréditaire et que les actions héréditaires seules sont transmises *utiliter* au fidéicommissaire. Celle dont nous parlons n'a pas, suivant Cujas, pris naissance en la personne du défunt. Elle ne peut naître que lorsque la dette est éteinte, et dans notre espèce l'extinction de la dette a été le résultat d'un événement qui s'est produit après le décès du testateur, à savoir : de l'adition d'hérédité. Mais ce système est contraire au texte de la loi 59 au Dig. *ad Senatcons. Trebellianum.* Paul, justifiant la solution qu'il vient de donner dit : « *Quoniam hereditaria est actio.* » Aussi Cujas propose-t-il de lire comme s'il y avait : *Quoniam hereditaria* non *est actio.* Ce moyen de sortir d'embarras ne saurait être adopté. Non-seulement cette leçon ne s'appuie sur rien, mais encore elle est directement contraire aux principes. L'*actio pigneratitia directa* a sa source immédiate dans le contrat même de gage, et en conséquence, celle dont il s'agit était bien née au profit du *de cujus*. C'est une action héréditaire, qui à ce titre a été transmise au fidéicommissaire. Mais elle l'a été avec les caractères dont elle était revêtue quand elle appartenait au titulaire primitif, et se trouve soumise aux mêmes restrictions. Or, le titulaire primitif n'aurait pu efficacement l'intenter qu'à la condition de s'être préalablement libéré par un payement ou par un mode de satisfaction analogue. Il faut donc que le fidéicommissaire fasse une justification identique; et la confusion qui est venue paralyser la créance au point de vue de l'action personnelle ne saurait lui fournir le moyen d'administrer cette preuve. Il ne faut pas oublier qu'elle s'est accomplie contre le gré du créancier. Il est bien vrai que celui-ci aurait pu, s'il l'avait voulu, sauvegarder le droit personnel en se conformant aux mesures de prudence dont il a été question ci-dessus. Mais l'oubli qu'il a commis à cet égard ne peut être considéré comme une abdication volontaire. Il n'y a donc aucune raison pour lui enlever le gage. Ce résultat ne saurait du moins être atteint à l'aide de l'*actio pigneratitia directa*. Maintenant le fidéicommissaire prétendrait-il que la restitution des choses de l'hérédité a été incomplète, et arriver à son but par la *persecutio fideicommissi extraordinaria*? Pas davantage; l'héritier est bien obligé de rendre au fidéicommissaire tous les objets de la succession, mais c'est seulement quand il les détient en sa qualité d'héritier. Dans l'espèce, il répondrait avec succès qu'il détient le gage en sa qualité de créancier. Dans le cas où le fidéicommissaire a la chose donnée en gage entre les mains, pourra-t-il du moins la garder lorsque le créancier intentera contre lui l'action quasi Servienne? Nullement. Le juge, reconnaissant d'un côté que la chose était *in bonis debitoris* au moment de la constitution du gage, et d'un autre côté que le gage n'a été éteint ni par un payement ni par un mode analogue, donnera nécessairement gain de cause au demandeur : *Verum est enim non esse solutam pecuniam.*

Ainsi, dans toutes les circonstances possibles, le gage survivra, il aura pour soutien une *naturalis obligatio* que la confusion a laissé subsister; *Remanet ergo propter pignus naturalis obligatio*, dit le jurisconsulte. Cela signifie, non pas que la *naturalis obligatio* persiste à cause du gage, mais qu'à raison du gage elle ne sera pas dépourvue d'efficacité.

Deuxième hypothèse. — Un fidéjusseur donne au créancier une hypothèque pour sûreté de son propre engagement. Le débiteur l'institue pour son héritier, et le fidéjusseur fait adition. A vrai dire, il n'y a pas là une confusion proprement dite ; car les deux qualités incompatibles de créancier et de débiteur ne viennent pas se réunir sur la même tête ; il y a tout au plus une absorption de l'obligation accessoire par l'obligation principale. Encore les jurisconsultes distinguent-ils si l'obligation du *reus* est plus ou moins pleine que celle du fidéjusseur. Dans le premier cas, la première absorbe complétement la seconde, elle la laisse subsister dans le deuxième. Cette distinction a quelquefois une grande importance pratique, plus spécialement quand on suppose que le fidéjusseur a fait garantir son propre engagement par un autre fidéjusseur, par un certificateur de caution, comme nous dirions aujourd'hui ; le *fidejussor fidejussoris* est libéré ou reste tenu, suivant que l'absorption dont nous venons de parler s'est ou non accomplie. Cette différence n'existe pas quand le fidéjusseur a constitué une hypothèque. Dans tous les cas, cette hypothèque continue de subsister[1]. C'est toujours la rédaction de la formule hypothécaire, avec les conditions particulières qu'elle indique pour l'extinction de l'hypothèque, qui nous donne la clef de toutes ces nuances. L'absorption qui se produit quand l'engagement du fidéjusseur, moins plein que celui du *reus*, vient se fondre dans ce dernier, n'est pas un payement et n'offre rien d'analogue au payement, puisqu'elle s'est opérée sans aucune participation du créancier.

Nous avons supposé jusqu'à présent que c'était le *reus* qui avait institué pour héritier le fidéjusseur. Mais la même solution doit être donnée dans le cas inverse. C'est même dans ce cas que statue la loi 38, § 5, au Dig., *De Solutionibus*. L'on n'a-

---

[1] L. 38, § 5, Dig. De solutionibus.

perço   en effet, aucune raison de distinguer entre l'une et l'autr de ces deux hypothèses, et si nous faisons cette observation, c'est que la question avait été controversée entre les Sabiniens et les Proculéiens, sans qu'on puisse bien se rendre compte d'une pareille controverse[1].

IV. — LITIS CONTESTATIO.

Pour que la *litis contestatio* produise son effet *ipso jure*, il faut supposer qu'il s'agit d'un *judicium legitimum* ayant pour but de faire valoir une action personnelle *in jus*.

La loi 86 au Dig., *De Regulis juris*, dit : « *Non solet deterior conditio fieri eorum qui litem contestati sunt, quam si non : sed plerumque melior.* » Et la loi 87 du même titre ajoute : « *Nemo enim in persequendo deteriorem causam, sed meliorem facit.* »

Cette règle s'applique sans difficulté aux gages et aux hypothèques.

Mais elle ne s'applique pas au cas de fidéjussion ni de dette solidaire : il est de règle que la *litis contestatio* engagée contre l'un des débiteurs solidaires libère les autres, et que celle engagée contre le *reus* libère le fidéjusseur. Quelle est la raison d'une pareille différence? Sur ce point les interprètes ne sont pas d'accord,

Suivant les uns, la dette solidaire et celle garantie par un fidéjusseur se distinguent par leur caractère d'unité. Ce point de vue n'est pas contestable en ce qui touche l'objet de l'obligation. Quant aux personnes, à considérer les choses abstractivement, il y a multiplicité de débiteurs. Mais *in concreto* l'obligation ne pèse que sur un seul, celui que le créancier voudra choisir. Le choix qu'il fait n'épuise pas sans doute son droit sous quelque forme qu'il se manifeste. Mais s'il se produit sous la forme d'une *litis contestatio*, il en est autrement. Les principes de la *deductio in judicium* s'opposent à ce que l'instance soit renouvelée plus tard contre une autre personne. Au

---

[1] L. 93, § 3, Dig. De solutionibus.

contraire, l'action personnelle et l'action hypothécaire sont parfaitement distinctes l'une de l'autre. La première peut être déduite *in judicium*, et se trouver éteinte, tandis que l'autre survivra.

Suivant d'autres, l'unité d'obligations dans la fidéjussion et la solidarité ne doit pas être contestée. Mais la libération du fidéjusseur ou des débiteurs solidaires ne doit pas être rattachée à la consommation du droit du demandeur par suite de la *deductio in judicium*. Elle est le résultat d'une novation forcée qui s'opère par la *litis contestatio*; entre cette opinion et la précédente il n'y a qu'une nuance de pure théorie, et la différence des règles qui s'appliquent à la solidarité et à la fidéjussion d'une part, et à l'hypothèque d'autre part, s'expliquent par les mêmes raisons.

Enfin, il y a des romanistes distingués qui n'admettent pas l'unité du lien qui existe entre les débiteurs solidaires, ou bien entre le *reus* et le fidéjusseur. Il y a, selon ces auteurs, autant d'obligations distinctes qu'il y a de personnes engagées, et si les jurisconsultes romains avaient été logiques, ils auraient décidé que la *litis contestatio* devrait respecter la fidéjussion et la dette solidaire au même titre que le gage et l'hypothèque.

Mais, même étant admise la vérité de ce troisième système, nous ne pensons pas que les jurisconsultes eussent été inconséquents. L'extinction de l'obligation primitive par suite de la *litis contestatio*, étant un effet de pur droit civil, nous comprendions très bien que la jurisprudence ait refusé de l'appliquer dans toutes ses conséquences aux droits d'institution prétorienne, tels que l'hypothèque. C'est ainsi que la *litis contestatio* engagée contre un *filiusfamilias* ne libère pas le père de l'action *de peculio* [1]. En ce qui touche l'hypothèque, nous ajouterons cette considération toute spéciale, et qui revient à chaque instant en cette matière, à savoir que la *litis contestatio* n'est ni un payement, ni un mode de satisfaction analogue.

[1] L. 84, au Dig. De peculio.

Du reste, toutes ces difficultés ont disparu lorsque Justinien a formellement abrogé les effets de la *litis contestatio*, que nous avons signalés par rapport aux fidéjusseurs et aux débiteurs solidaires [1].

SECTION DEUXIÈME.

Modes d'extinction qui n'opèrent pas *ipso jure*.

I. — EXPIRATION D'UNE CTION TEMPORAIRE.

Voici comment nous résumons notre doctrine sur ce point : l'expiration d'une action temporaire opère *exceptionis ope*. Elle laisse subsister une *naturalis obligatio*, et cette *naturalis obligatio* empêche l'hypothèque de s'éteindre. Cette théorie doit être développée en nous plaçant successivement à l'époque où écrivaient les jurisconsultes et à celle du Bas-Empire.

Voyons d'abord la jurisprudence dite classique.

Notre première proposition est que l'expiration d'une action temporaire opère *exceptionis ope*. Nous n'avons pas à y insister longuement; mais nous devons cependant la justifier, pour justifier en même temps la méthode que nous avons suivie. Cette nécessité nous est imposée d'autant plus impérieusement, que l'illustre Doneau a professé une opinion contraire à la nôtre. Il a soutenu que les actions annales prétoriennes s'éteignaient *ipso jure* au bout de l'année. Son argumentation se réduit à invoquer les termes de l'édit : « *Intra annum actionem dabo.* » D'où il conclut qu'au bout de l'année il n'y a plus d'action possible. Mais, d'une part, on rencontre des textes qui littéralement semblent dire qu'il n'y a pas d'action dans des cas cependant où l'action est donnée, sauf au défendeur à la repousser au moyen d'un *exceptio* [2]; d'autre part, à

<hr>

[1] L. 28, Cod. De fidejussoribus.

[2] L. 1, pr., au Dig. De senatcons. Macedoniano. — L. 2, § 1, Ad senatcons. Velleianum.

propos des actions prétoriennes temporaires, les fragments du Digeste nous parlent d'une *exceptio annalis*[1], ce qui ne signifie pas que l'exception dont il s'agit est elle-même, quant à sa durée, bornée à un an, mais qu'elle est tirée de la négligence du créancier, prolongée pendant un an.

Nous avons dit en second lieu que l'*exceptio annalis* laissait subsister une *naturalis obligatio*. Cette thèse, quoique contestée, nous paraît indubitable en présence de la *loi 37 au Dig. De fidejussoribus* : «*Si quis, postquam, tempore transacto, liberatus est, fidejussorem dederit, fidejussor non tenetur, quia erroris fidejussio nulla est* » Le jurisconsulte suppose qu'un débiteur a été libéré par le laps de temps, et que néanmoins il donne un fidéjusseur à son ancien créancier. Si le fidéjusseur s'est obligé dans l'ignorance de la libération du *reus*, il pourra, du chef de ce dernier, repousser le créancier par l'*exceptio annalis*, *quoniam erroris fidejussio nulla est*. Mais il résulte clairement de là que si le fidéjusseur s'était engagé en connaissance de cause, il n'aurait pu, sous aucun prétexte, décliner cet engagement, preuve évidente que la prescription avait respecté la *naturalis obligatio*, autrement la *fidejussio* n'aurait pas eu de base.

Enfin, nous avons ajouté que l'hypothèque survivait à l'extinction de l'obligation civile. Cela est démontré par deux séries d'arguments, les uns empruntés aux textes du Digeste, les autres à ceux du Code.

Arguments empruntés aux textes du Digeste :

Un mineur de vingt-cinq ans se porte *expromissor* pour le compte d'un débiteur soumis à une action temporaire, alors que cette action était sur le point d'expirer. Elle se serait trouvée éteinte au bout de dix jours. Le mineur obtient ensuite la *in integrum restitutio*. L'action personnelle primitive est rendue au créancier sous la forme d'une *actio restitutoria* qu'il devra exercer dans le délai de dix jours, c'est-à-dire dans le temps

---

[1] L. 30, § 5, au Dig. De peculio. — L. 15, § 5, au Dig. Quod vi aut clam.

non accompli à l'époque où *l'expromissio* est intervenue, faute de quoi le débiteur sera de nouveau libéré ; mais seulement quant aux liens civils de l'obligation. En ce qui touche la *naturalis obligatio*, elle survivra et servira de base à l'hypothèque. *Pignus manet obligatum,* dit la loi 50 au Dig. *De Minoribus.*

Arguments empruntés aux textes du Code :

« *Intelligere debes vincula pignoris durare, personali actione submota,* » tels sont les termes en lesquels se trouve conçu un rescrit de Gordien, qui forme la loi 2 au Code *De Luitione pignoris. Actione submota* signifie l'extinction de l'action personnelle par la prescription. (Cf. loi 21 au Code *De Exceptionibus.*) Doneau, qui soutient que la prescription de l'action personnelle entraîne la prescription du gage ou de l'hypothèque, lit arbitrairement le rescrit de Gordien comme il suit : « *Intelligere debes vincula pignoris non durare personali actione submota.* »

Arrivons maintenant aux innovations introduites sur ce point sous le Bas-Empire. Lorsque la chose hypothéquée est restée entre les mains du débiteur, par quelque laps de temps que l'action personnelle soit prescrite, l'action hypothécaire dure quarante ans, *ex quo competere cœpit.* Tel est l'objet d'une constitution rendue par l'empereur Justin [1]. Ainsi le point de départ de cette prescription de quarante ans est le moment où l'action hypothécaire a pu être exercée. De là il suit que, si la dette est conditionnelle ou à terme, la prescription de cette action aura pour point de départ l'échéance du terme ou la réalisation de la condition, bien que l'hypothèque ait été antérieurement constituée [2]. Maintenant le délai de quarante ans peut être prolongé au moyen de suspensions résultant de l'âge du titulaire par exemple, ou au moyen d'interruptions [3]. Le texte de la constitution cite certains modes d'interruption ; les uns viennent du créancier, les autres du débiteur. Les premiers sont : la *litis contestatio,* la *conventio,* c'est-à-dire la citation

[1] L. 7, § 1, au Cod. De præscript. XXX vel XL ann.
[2] L. 7, § 2, Cod. De præscript. XXX vel XL ann.
[3] L. 7, § 2, Cod. De præscript. XXX vel XL ann.

faite en conséquence de la demande adressée au juge et communiquée au défendeur, laquelle avait remplacé dans le dernier état du droit la *litis denunciatio* des temps intermédiaires, substituée elle-même, quant à l'effet destructif, à la *litis contestatio;* enfin, la possession sans violence de la chose hypothéquée par le créancier lui-même [1]; les seconds viennent du débiteur lui-même, qui reconnaît l'existence de l'obligation par certains actes juridiques, tels que la constitution d'un nouveau titre, à quoi il faut ajouter la dation d'un gage non encore convenu [2].

Ainsi, la survivance du gage ou de l'hypothèque, malgré la prescription de la dette, n'est pas plus contestable dans le nouveau que dans l'ancien droit. Cependant Doneau soutient le contraire, et, de même qu'il avait tenté d'échapper à l'autorité de la loi 2, au Code *De Evictione pign.*, en lisant *non durare* au lieu de *durare*, de même il cherche à récuser l'autorité de la loi 7, § 1, *De Præscript.* XXX *vel* XL, *ann.*, en disant que l'empereur Justin, lorsqu'il limite à quarante ans l'action hypothécaire, qui était autrefois perpétuelle, se place dans l'hypothèse où la prescription de la dette a été interrompue suivant l'un des modes indiqués dans le paragraphe 5 de ladite constitution. Mais dans le paragraphe 1 il n'y a absolument rien de semblable, et l'opinion de Doneau doit être repoussée comme purement divinatoire.

Il est intéressant de comparer les effets de la prescription de l'action par rapport à l'hypothèque aux mêmes effets, soit par rapport à la fidéjussion, soit par rapport au constitut.

En ce qui touche le fidéjusseur, l'*annalis exceptio* ou la *præscriptio longi temporis* est une de ces exceptions *rei cohærentes*, qu'il a le droit d'invoquer. Il faut néanmoins, pour établir cela, bien discerner les textes qui peuvent servir d'autorité. C'est ainsi que les lois 60 au Dig. *De Fidejussoribus* et 71, § 1, au Dig. *De Solutionibus*, parlent d'un fidéjusseur *tempore liberatus.* Mais dans ces fragments rien ne prouve que la libération du fidéjus-

[1] L. 7, § 5, Cod. De præscript. XXX vel XL ann.
[2] L. 7, § 5, Cod. De præscript. XXX vel XL ann

seur par le laps de temps soit la conséquence de celle du *reus*. Il y a plus, le premier contient des expressions qui nous semblent exclusives d'une semblable idée. Tryphoninus suppose un fidéjusseur qui est le tuteur du créancier. Bien qu'il ait été *tempore liberatus*, il peut néanmoins être poursuivi par l'*actio tutelæ directa*, attendu qu'en sa qualité de tuteur il a dû se payer à lui-même. Mais il exercera son recours contre le *reus* par l'*actio mandati* : « *Nam ejus solutione liberavit reum promittendi obligatione, in quam pro eo fidejusserat.* » C'est donc le payement et non le laps de temps qui, dans l'espèce prévue par le jurisconsulte, a libéré le *reus*. Nous pensons que tous ces textes statuent dans le cas où le fidéjusseur a été seul *tempore liberatus*, soit qu'il se fût obligé à terme et qu'il pût repousser l'action *ex stipulatu* par l'*exceptio pacti conventi*, soit que les lois dont il s'agit parlassent primitivement d'un *sponsor* ou d'un *fidepromissor* libéré *ipso jure* au bout de deux ans, en vertu de la loi *Furia*, il faut donc écarter les deux lois précitées. Mais la loi 38, § 4, au Dig. *De Solutionibus*, est décisive. Un débiteur soumis à une action temporaire s'absente pour le service de la république, l'action s'éteint à raison de l'impossibilité de l'exercer contre lui. Après son retour, le créancier peut pendant un an en oro exercer contre lui la *in integrum restitutio*. Un fidéjusseur intervient à l'effet de garantir au créancier le payement de la dette pour le cas où celui-ci demandera et obtiendra le remède extraordinaire que lui donne le droit prétorien. Puis l'année s'écoule sans que la *in integrum restitutio* eût été exercée, le fidéjusseur sera-t-il libéré ? Julien s'était prononcé dans le sens de la négative. Mais Africain, reprenant en sous-œuvre l'opinion de son maître, résout la question par la distinction suivante : Le créancier s'est-il trouvé dans l'impossibilité de poursuivre le fidéjusseur, il peut obtenir contre lui la *in integrum restitutio*. Dans le cas contraire, le fidéjusseur est libéré. Voilà bien la preuve positive que le fidéjusseur est libéré par le laps de temps comme le *reus*.

Cette différence entre l'hypothèque et la fidéjussion n'a rien qui doive étonner, l'hypothèque ne pouvant être éteinte que par un payement ou un mode de satisfaction analogue, tandis que la libération du fidéjusseur comme conséquence de celle du *reus* est admise plus largement.

Quant au *constitut*, il suppose pour sa validité une obligation préexistante. La question de savoir s'il y a une obligation qui puisse servir de base au constitut ne doit pas s'examiner à l'époque où l'action *constitutæ pecuniæ* est exercée, mais à celle où le constitut s'est formé. En conséquence, le constitut qui sert de garantie à une action temporaire continue de subsister, quoique cette action se trouve prescrite[1]. Le constitut est donc placé sur la même ligne, non que la fidéjussion, mais que l'hypothèque. C'est que l'*actio constitutæ pecuniæ* comme l'action hypothécaire est d'institution prétorienne, et qu'on écarte les effets du droit civil rigoureusement appliqués en matière de fidéjussion[2]. Ajoutons que le constitut est gouverné par les mêmes règles que le payement, et, de même que la répétition n'est pas admise à l'égard des obligations naturelles qui ont été payées, de même le constitut ne peut être anéanti par la prescription de l'action principale, à raison de la *naturalis obligatio* que cette prescription laisse subsister.

II. — EXCEPTIONS DE PROCÉDURE.

Toutes les fois que l'action personnelle peut être repoussée au moyen d'une exception de procédure, cette exception ne peut pas servir à paralyser l'hypothèque. Les textes ne nous fournissent pas à ce sujet des documents nombreux; la raison en est peut-être dans la disparition du système formulaire, et dans le soin qu'auraient pris les compilateurs de faire disparaître autant que possible les traces de l'*ordo judiciorum*. Néanmoins nous rencontrons une première indication dans la loi 59 au Dig., *ad Senatcons. Trebellianum*. Nous avons vu que, dans l'hypothèse prévue dans ce fragment, la confusion avait respecté la *natura-*

[1] L. 18, § 1, Dig. De pecunia constituta.
[2] L. 1, § 5. — L. 10, pr. — L. 5, § 2. — L. 7, § 27, De pecunia constituta.

lis obligatio, ainsi que le gage constitué au profit du créancier, qui était devenu l'héritier du débiteur. Le motif donné par le jurisconsulte est ainsi exprimé : « *Verum est enim non esse solutam pecuniam.* » Et Paul ajoute immédiatement : « *Quemadmodum dicimus cum amissa est actio propter exceptionem.* » Il est bien évident que cette dernière phrase ne doit pas être entendue dans le sens général et absolu qu'elle présente en apparence. Il y a une foule d'exceptions qui servent à repousser l'action hypothécaire tout aussi bien que l'action personnelle, et nous en avons déjà rencontré plusieurs. Nous pensons que le jurisconsulte fait allusion à une exception de procédure dont nous parlons actuellement.

Notre point de vue nous paraît spécialement confirmé en ce qui touche l'*exceptio rei in judicium deductæ* par la loi 30, § 1, *ad legem Aquiliam,* au Dig. Un débiteur a donné un esclave en gage à son créancier, l'esclave est tué par un tiers. L'*actio legis Aquiliæ* directe compète au débiteur parce qu'il est propriétaire ; mais le créancier a-t-il l'*actio legis Aquiliæ utilis ?* Nous disons *utilis,* parce que si le créancier peut l'intenter, ce n'est que par dérogation aux principes rigoureux du droit, puisqu'il n'avait pas la propriété du gage. La négative doit être admise s'il n'a pas d'intérêt, c'est-à-dire s'il peut efficacement poursuivre le débiteur au moyen de l'action personnelle. Mais supposons que le débiteur soit insolvable ou bien que le créancier *litem tempore amisit,* et attachons-nous à ce dernier cas ; les termes dans lesquels le jurisconsulte s'exprime démontrent qu'il s'agit ici, non point de la prescription d'une action temporaire, mais de la péremption d'une instance. Ainsi le demandeur n'est pas arrivé à une solution judiciaire, soit dans les dix-huit mois, soit dans le cours de la magistrature du préteur qui a délivré la formule d'action, suivant qu'il s'agit d'un *judicium legitimum* ou d'un *judicium imperio continens.* On pourrait aussi supposer que le créancier a perdu son procès par suite d'une exception temporaire, en se fondant par conjecture sur le § 123 du iv° comm. de Gaius : *Re in judicium de-*

ducta et per exceptionem perempta. Dans toutes ces hypothèses, le droit du demandeur a été irrévocablement consommé *ipso jure* dans un *judicium legitimum* ayant pour but de faire valoir une action personnelle *in jus*, ou *exceptionis ope* dans un *judicium imperio continens*, soit même dans un *judicium legitimum* destiné à faire valoir une action personnelle *in factum ;* donc le créancier se trouve désormais dans l'impossibilité de poursuivre le débiteur en vertu de l'action personnelle irrévocablement éteinte. Mais du moins aura-t-il un recours contre le meurtrier de l'esclave, à raison de l'*actio legis Aquiliæ utilis ?* Ce qu'il y a de certain, c'est que le délinquant ne doit pas être tenu deux fois pour la totalité, et vis-à-vis du débiteur, et vis-à-vis du créancier. Dès le moment qu'il y a nécessité de faire un choix, on pourrait peut-être donner au créancier l'*actio legis Aquiliæ utilis* pour le tout; le débiteur n'en souffrirait, il semble, aucun préjudice, car l'indemnité qu'obtiendrait le créancier serait imputée pour partie sur le montant de la créance et servirait à libérer le débiteur, tandis que l'excédant serait restitué à ce dernier en vertu de l'*actio pigneratitia directa.* Néanmoins le jurisconsulte ne s'arrête pas à cette idée, et avec juste raison : l'action *pigneratitia directa*, dont il s'agit, pourrait en effet être illusoire par suite de l'insolvabilité du créancier. Paul aime mieux donner l'*actio legis Aquiliæ utilis* au créancier jusqu'à concurrence seulement de la somme due, et l'*actio legis Aquiliæ directa* au débiteur pour l'excédant. Quoi qu'il en soit, il prend évidemment pour point de départ cette idée, que la consommation de la procédure par la *deductio in judicium* de l'action personnelle n'a porté aucune atteinte au droit de gage, d'où nous pouvons conclure que l'*exceptio rei in judicium deductæ* laissait à la charge du débiteur une *naturalis obligatio* qui, à la différence de celle que respecte l'*exceptio rei judicatæ*, sert de soutien à l'hypothèque.

Sur la même ligne nous rangeons toutes les autres exceptions de procédure, telles que l'*exceptio litis dividuæ*, l'*exceptio rei residuæ*, l'*exceptio procuratoria vel cognitoria.*

III. — DE LA IN INTEGRUM RESTITUTIO ACCORDÉE AU MINEUR DE VINGT-CINQ ANS.

Deux cas sont à distinguer :

Premier cas. — Un mineur de vingt-cinq ans, en contractant une dette, donne à son créancier une hypothèque pour sûreté de son obligation, bien que cette obligation soit valable *ipso jure*. Si néanmoins le mineur a éprouvé un préjudice, il peut demander la *in integrum restitutio* et contre l'action personnelle et contre l'action hypothécaire, cela n'est susceptible d'aucune espèce de doute.

Deuxième cas. — C'est un tiers qui, pour sûreté de la dette contractée par le mineur, constitue une hypothèque sur sa chose. Tant que le mineur n'aura pas invoqué la *in integrum restitutio*, il n'est pas douteux que le tiers poursuivi par l'action hypothécaire ne puisse pas, du chef du mineur, s'en prévaloir[1], la *in integrum restitutio* étant un moyen de défense personnel. Mais le créancier a commencé par poursuivre le mineur, et celui-ci s'est fait restituer *in integrum*, ensuite le créancier poursuit le tiers par l'action hypothécaire. Celui-ci ne pourra-t-il s'armer de la *in integrum restitutio*, déjà obtenue par le débiteur tenu de l'action personnelle? Cette question n'est nulle part prévue dans les textes; mais on peut avec certitude la résoudre par voie d'analogie. Le tiers qui constitue une hypothèque sur sa chose pour la dette d'autrui peut être assimilé à un fidéjusseur, sauf les différences qui existent entre eux, soit sous le rapport de sa manière d'intercéder, soit sous le rapport de l'engagement plus ou moins énergique qui lie l'un ou l'autre. Or en matière de fidéjussion les textes sont précis, bien que l'on rencontre à cet égard des fragments divergents[2]. L'antinomie apparente qu'ils présentent vient se résoudre dans la distinction que voici : le fidéjus-

---

[1] L. 7, § 1, Dig. De exceptionibus.

[2] L. 1 et 2, au Cod. De fidejuss. minorum. — L. 51, pr., au Dig. De Procuratoribus. — L. 80 au Dig. De adquirenda hereditate.

seur s'est-il obligé *cum contemplatione juris prætorii*, c'est-à-dire en vue de garantir le créancier contre l'éventualité de la *in integrum restitutio*, la *naturalis obligatio* qui survit à l'anéantissement de l'obligation civile soutient la fidéjussion, et celle-ci doit recevoir sa pleine et entière exécution. Le fidéjusseur s'est-il au contraire obligé *sine contemplatione juris prætorii*, c'est-à-dire en vue seulement de prémunir le créancier contre les chances d'insolvabilité du *reus*, la *in integrum restitutio* lui profitera comme au *reus* lui-même [1]. La même distinction est applicable, et pour les mêmes raisons, au tiers qui a hypothéqué sa chose à l'obligation du mineur.

Dans l'exposition des règles qui précèdent, il faut supposer que le mineur a été *deceptus in re*, c'est-à-dire *sine dolo*. Car, s'il y avait mauvaise foi de la part du créancier, par exemple s'il avait prêté de l'argent au mineur, sachant que celui-ci contractait l'emprunt pour dissiper immédiatement les espèces, la *in integrum restitutio* ne serait pas nécessaire; l'obligation serait nulle *ipso jure*, et le tiers qui a intercédé en hypothéquant sa chose ne serait pas plus tenu de l'action hypothécaire que le fidéjusseur de l'action *ex stipulatu*.

[1] L. 3, § 4, De minoribus, au Dig. — L. 13, pr., id. — L. 95, § 3, De solutionib. Dig. — Paul. Sent., lib. I, tit. 0, § 0.

DEUXIÈME PARTIE.

EXTINCTION DE L'HYPOTHÈQUE INDÉPENDAMMENT DE L'EXTINCTION DE LA DETTE.

Cette extinction se produit dans les circonstances suivantes :

Expiration du temps pour lequel l'hypothèque avait été constituée ;

Perte de la chose ;

Fin du droit de celui qui a hypothéqué la chose ;

Réunion sur la même tête des deux qualités incompatibles de propriétaire et de créancier hypothécaire ;

Prescription ;

Renonciation de la part du créancier, et, dans certaines circonstances, aliénation de la chose hypothéquée.

Mauvais usage que le créancier gagiste fait de la chose dans certains cas.

I. — EXPIRATION DU TEMPS POUR LEQUEL L'HYPOTHÈQUE AVAIT ÉTÉ CONSTITUÉE.

Ce mode d'extinction est prévu par la loi 6 au Dig. *Quibus modis pignus*, etc. : « *Sed et si tempore finitum pignus est, idem dicere debemus.* » C'est-à-dire que, si le temps pour lequel l'hypothèque a été constituée vient à expirer, l'hypothèque s'éteint comme elle s'éteindrait par un payement ou une satisfaction analogue.

II. — Perte de la chose.

Lorsque la chose hypothéquée vient à périr, l'hypothèque périt aussi [1].

Est assimilée à l'anéantissement de la chose la transformation d'un objet mobilier en une espèce nouvelle, à moins que le contraire n'ait été formellement convenu [2]. Mais la transformation d'une chose immobilière n'a aucune influence sur le droit de gage [3]. De là il suit que, si la maison hypothéquée vient à être incendiée, l'hypothèque continue sur le sol, et que, si l'édifice est reconstruit, l'hypothèque affecte la construction nouvelle [4].

Si l'hypothèque porte sur un ensemble de choses, sur une *universitas*, un troupeau, par exemple, il va sans dire qu'elle persiste lors même que toutes les têtes du troupeau seraient renouvelées [5].

III. — Fin du droit de celui qui a hypothéqué la chose.

L'hypothèque finit en même temps que le droit de celui qui l'a constituée. Cette formule générale est appliquée par les textes dans des circonstances diverses :

D'abord, l'extinction de l'usufruit amène celle de l'hypothèque constituée par l'usufruitier [6].

En second lieu, il y a des droits qui n'ont pas comme l'usufruit de durée déterminée ; mais cela n'empêche pas que la même règle ne soit suivie et que l'hypothèque ne s'éteigne quand ces droits eux-mêmes prennent fin, quelle que soit l'époque à laquelle cette extinction arrive. Tel est celui qui compète au concessionnaire de l'*ager vectigalis* et à l'emphytéote, il dure tant que le preneur paye le *vectigal* ou le canon. Mais, dès qu'il cesse de

---

[1] L. 8, pr., au Dig. Quibus modis, etc.

[2] L. 18, § 3, au Dig. Pigneratitia act.

[3] L. 16, § 2. au Dig. De pignoribus, etc.

[4] L. 35, Dig. De pignoribus. — L. 20, § 2, ejus. tit. — L. 21, Pigneratitia act.

[5] L. 13, pr., Dig. De pignoribus.

[6] L. 8, pr., Dig. Quibus modis, etc.

remplir à cet égard ses engagements, la concession expire et avec elle l'hypothèque constituée par le concessionnaire [1].

Le créancier gagiste peut donner sa chose en gage à son propre créancier. Le sous-gage est alors constitué jusqu'à concurrence de la somme la plus faible [2]. Mais il s'éteint par l'extinction du gage principal [3].

Les applications qui précèdent n'ont jamais présenté de difficultés. Mais il n'en est pas de même lorsque celui qui a constitué l'hypothèque était propriétaire de la chose en vertu d'une *justa causa* pure et simple, mais résoluble sous condition. Dans l'opinion générale des jurisconsultes, la condition résolutoire n'anéantissait pas la propriété sur la tête de l'acquéreur pour la faire revenir de plein droit sur celle de l'aliénateur. Elle créait seulement, à la charge du premier, l'obligation de la retransférer au second. Suivant ce système, les hypothèques qu'il avait créées étaient maintenues. Mais quelques jurisconsultes [4], parmi lesquels Ulpien se fait surtout remarquer, prenaient pour point de départ une idée tout opposée. D'après eux, le droit de l'acquéreur finissait par la seule réalisation de la condition résolutoire, et les hypothèques qui avaient pris naissance de son chef étaient anéanties en même temps. Seulement, lorsqu'il s'agissait d'une condition résolutoire potestative de sa part, tout le monde s'accordait à décider qu'elle respectait les hypothèques consenties par lui. On n'admettait pas qu'il pût, par sa volonté, bouleverser les droits qu'il avait constitués [5].

L'opinion particulière que nous venons d'exposer est restée à l'état d'isolement jusqu'à Justinien. On ne saurait argumenter contre cette assertion de la loi 4 au Code *De pactis inter emptorem et*

---

[1] L. 31, Dig. De pignoribus.

[2] L. 13, § 2, in pr., Dig. ejus, tit.

[3] L. 1 et 2, au Cod. Si pignus pignori. — L. 40, § 2, Dig. De pigneratitia act.

[4] L. 41, Dig. De rei vindicatione. — L. 4, § 3, Dig. De in diem addictione. — L. 8, Dig. De lege commissoria. — L. 9, pr., Dig. De aqua et aqua pluviæ, etc.

[5] L. 3, Dig. Quibus modis, etc. — L. 43, § 8, De ædilitio edicto.

venditorem, et ou le mot *vindicationem* nous paraît avoir été employé par l'empereur Alexandre dans un sens impropre, et où il nous semble signifier d'une manière générale *reprise de possession de la chose*, sans que l'on se soit préoccupé de la nature de l'action.

Mais la doctrine d'Ulpien et des jurisconsultes en petit nombre qui l'avaient suivi a été consacrée par la législation de Justinien. C'est la conséquence que nous tirons de l'insertion au Digeste des fragments dans lesquels cette théorie se trouve professée, et de l'interpolation que les compilateurs du Code ont fait subir à une constitution de Dioclétien et de Maximien, qui nous a été transmise intacte par le paragraphe 283 des *Fragmenta Vaticana*. A vrai dire, nous croyons qu'ils se sont trompés sur le sens de cette constitution, dont voici le texte : « *Si stipendiariorum proprietatem dono dedisti, ita ut post mortem ejus, qui accepit, ad te rediret, donatio irrita est, cum ad tempus proprietas transferri nequiverit. Si vero usumfructum in eam contra quam supplicas contulisti, usumfructum a proprietate alienare non potuisti.* » Il s'agit d'un fonds stipendiaire donné à cause de mort, sous la condition résolutoire de la survie du donateur. Dans l'espèce, il avait été spécifié que l'objet de la donation était le droit de propriété. La constitution dit que la donation est nulle *cum a te proprietas transferri nequiverit*. Les compilateurs ont interprété ce motif en ce sens que la propriété ne pouvait pas être transférée à temps. Mais d'abord, c'est ajouter à la pensée des auteurs du rescrit, ensuite une pareille raison aurait tendu à faire annuler toutes les donations à cause de mort où se trouve une condition résolutoire. La nullité de la donation dans l'hypothèse proposée s'explique tout naturellement par cette considération que les fonds stipendiaires n'étaient pas susceptibles de propriété privée, et qu'en donnant la propriété le possesseur du fonds avait disposé de ce qui ne lui appartenait pas. Ce qui prouve que tel est le sens du texte, c'est ce qu'il ajoute à propos de l'usufruit : la donation de l'usufruit n'eût pas été plus valable que celle de la propriété ; les fonds provinciaux n'étant pas plus susceptibles d'un droit que de l'autre.

Aussi la constitution de Dioclétien et Maximien est complétement
étrangère au point de savoir si la propriété peut ou non être
transférée à temps. Quoi qu'il en soit, c'est bien là ce qu'y ont
vu les compilateurs, lorsqu'ils ont interprété le rescrit dans le
texte qui forme la loi 2, au code, *De Donationibus quæ sub modo*,
quand ils ont dit que la donation était valable, attendu que la
propriété pouvait être transférée à temps; et cela suffit pour dire
que, du temps de Justinien, la doctrine d'Ulpien et des autres
jurisconsultes dont nous avons parlé avait fini par être législativement consacrée.

IV. — Réunion sur la même tête des deux qualités incompatibles de propriétaire et de créancier hypothécaire.

Toutes les fois que le créancier hypothécaire devient propriétaire de la chose hypothéquée, il se produit une confusion qui
paralyse l'hypothèque, tout en laissant subsister la dette. Nul, en
effet, ne peut avoir une hypothèque sur sa propre chose[1]. La
première de ces deux idées est la conséquence toute naturelle de
la seconde, les textes du reste l'expriment formellement[2].

Toutefois, il n'y a là qu'une paralysie bien plutôt qu'une
extinction véritable du droit hypothécaire. En fait, sans doute,
il ne peut plus être exercé, du moins en thèse générale; mais, en
droit, il persiste toujours; et de là il suit qu'il recouvre son
efficacité dans tous les cas où le fait peut se trouver d'accord
avec le droit, c'est-à-dire dans tous les cas où, malgré la confusion, le créancier a intérêt à le faire valoir. Les hypothèses dans
lesquelles cet intérêt se présente sont celles qui suivent:

Première hypothèse. — Le véritable héritier intente contre
le possesseur de l'hérédité la *hereditatis petitio*; le procès se
termine par une transaction en vertu de laquelle le défendeur
restitue au demandeur les choses de l'hérédité et de plus lui
transfère la propriété d'un certain fonds. Ce fonds est grevé de

[1] L. 45, Dig. De regulis juris.
[2] L. 29, Dig. De pignerat. actione. — L. 30, § 1, in fine, Dig. De except.
rei judicatæ.

deux hypothèques consenties, la première au profit de la personne à laquelle a succédé le demandeur, la seconde au profit d'un tiers. Ce dernier intente contre l'héritier l'action hypothécaire; et l'héritier, dans l'ignorance où il se trouve de l'hypothèque constituée au profit de son auteur, néglige d'invoquer l'exception de priorité. En conséquence, il livre l'héritage à son adversaire. Plus tard, l'existence d'une première hypothèque à son profit se révèle, et, à son tour, il exerce l'action quasi Servienne contre celui auquel il a restitué l'immeuble. Il est clair tout d'abord que celui-ci ne pourra lui opposer l'*exceptio rei judicatæ*, car il n'y a pas incompatibilité d'existence entre deux hypothèques; et de ce que le possesseur actuel a été reconnu par le juge créancier hypothécaire, il ne s'ensuit pas que le défendeur, devenu à son tour demandeur, ne soit pas lui-même créancier hypothécaire. Ce n'est pas comme si le possesseur actuel avait revendiqué la chose et eût triomphé. En le déclarant propriétaire, la *pronuntiatio judicis* aurait par cela même décidé que son adversaire ne l'était pas. Or ce dernier serait maintenant repoussé par l'autorité de la chose jugée. Mais l'*exceptio rei judicatæ* se trouvant ainsi écartée, l'héritier ne peut-il pas être repoussé par un autre moyen tiré de ce qu'il est devenu propriétaire du fonds, et de ce que son hypothèque a été éteinte par confusion? Le jurisconsulte se prononce pour la négative : *Verum est enim et pignori datum, et satisfactum non esse* [1].

Deuxième hypothèse. — Un créancier hypothécaire achète la chose hypothéquée à la condition que le prix de vente soit employé à désintéresser un créancier hypothécaire antérieur. Il a fait cette acquisition dans le but unique de confirmer et de consolider son propre droit. Si des créanciers hypothécaires ultérieurs viennent exercer contre lui l'action quasi Servienne, il les repoussera par l'exception de priorité [2].

Troisième hypothèse. — Le débiteur donne la chose hypothéquée en payement au premier créancier. Dans ce cas encore,

---

[1] L. 50, § 1, Dig. De except. rei judicatæ.
[2] L. 17, Dig. Qui potiores in pignore.

celui-ci se servira de l'exception de priorité contre les créanciers hypothécaires d'un rang inférieur [1].

Quatrième hypothèse. — Un tiers achète la chose grevée d'hypothèque, à la condition que le prix d'achat serve à désintéresser les premiers créanciers. D'une part, il devient propriétaire de l'objet ; d'autre part, ainsi que nous l'avons vu, il est légalement subrogé aux droits des créanciers désintéressés. Il a donc une hypothèque sur sa propre chose. Mais cette confusion ne l'empêchera pas de faire valoir cette hypothèque pour repousser, par l'exception de priorité, les autres créanciers hypothécaires [2].

V. — Prescription.

Nous nous sommes occupés de la *præscriptio longi temporis* alors que la chose était restée entre les mains du débiteur, et que la dette se trouvait éteinte par le laps de temps. Il faut maintenant supposer le cas où cette chose est entre les mains d'un tiers détenteur, et distinguer à cet égard deux périodes : 1° celle qui s'est écoulée jusqu'à la constitution de l'empereur Théodose ; 2° celle qui a son point de départ dans cette constitution.

1° Période antérieure à la constitution de l'empereur Théodose.

L'usucapion et la *præscriptio longi temporis* sont ici régies par des règles complétement différentes.

Voyons d'abord celles qui se réfèrent à l'usucapion. — L'usucapion qui s'accomplit au profit d'un tiers détenteur laisse subsister l'hypothèque : « *Pignoris etenim causa nec usucapione perimi placuit* [3]. » Les motifs qui avaient déterminé sur ce point la jurisprudence romaine sont au nombre de deux. D'une part, celui qui a usucapé peut prétendre que la chose est à lui, et cette prétention n'a rien d'incompatible avec l'existence d'une

---

[1] L. 1, Cod. Si antiquior creditor pign.

[2] L. 3, Cod. De his qui in priorum.

[3] L. 1, § 2, Dig. De pign. et hypothecis, etc. — L. 7, § 2, Dig. De pign. et hypothecis, etc. — L. 2, § 2, Dig. Pro herede.

hypothèque, « *quoniam quæstio pignoris ab intentione domini separatur.* » D'autre part, nous verrons que l'aliénation de la chose consentie par le débiteur véritable propriétaire ne peut porter aucune atteinte aux hypothèques qu'il a constituées. Il n'y avait qu'un pas à faire pour décider par voie de conséquence que, dans le cas où la chose hypothéquée a été vendue et livrée *a non domino* à un tiers de bonne foi, l'inaction du propriétaire qui laisse usucaper sa chose ne puisse pas faire ce que ne pourrait faire une aliénation consentie par lui. Cette inaction est en effet mise par les textes sur la même ligne qu'une aliénation : « *Alienationis verbum etiam usucapionem continet; vix est enim, ut non videatur alienare, qui patitur usucapi* [1]. » Ces considérations, combinées avec cette idée qu'on ne peut imputer à faute au créancier hypothécaire complétement étranger à la possession de la chose de n'avoir pas mis obstacle à l'usucapion, avaient été décisives sur l'esprit des jurisconsultes romains.

Ils appliquaient la même théorie aux servitudes, soit prédiales, soit personnelles [2]. Seulement le titulaire de la servitude était exposé à perdre son droit par le non-usage prolongé pendant deux ans, pourvu que cette inaction vînt se combiner avec un acte contraire à la servitude fait par le propriétaire du fonds servant, s'il s'agissait d'une servitude urbaine. Le créancier hypothécaire n'avait pas à concevoir de semblables craintes, par la raison que, n'ayant pas à faire sur le fonds des actes de possession, on ne pouvait songer à l'extinction par le non-usage d'un droit qu'il n'avait pas à exercer.

Suivant Cujas [3], l'acquisition des fruits au moyen de la consommation par un possesseur de bonne foi opérait autrement que l'usucapion. Un débiteur a hypothéqué son fonds, et il y a eu en même temps une convention expresse d'hypothèque sur les fruits. Nous n'avons pas à examiner la question de savoir si

[1] Comment, in libr. XI, resp. Papiniani ad leg. 1, § 2, De pignoribus et hypoth.

[2] L. 28, Dig. De verb. signific.

[3] L. 17, § 2, Dig. De usufructu. — L. 14, § 5, Dig. De usurpationibus et usucapionibus.

cette convention était ou non nécessaire. Suivant nous, elle a dû l'être à l'origine. Mais cette nécessité a dû disparaître plus tard[1]. Quoi qu'il en soit, l'hypothèse dans laquelle nous nous plaçons écarte à ce sujet toute difficulté. Cela posé, le fonds passe entre les mains d'un débiteur de bonne foi qui l'acquiert par usucapion. Le créancier peut, suivant les principes précédemment exposés, réclamer le fonds par l'action quasi Servienne. Mais il ne peut réclamer les fruits qui ont été consommés. En conséquence, et pour nous servir des expressions de Cujas, l'hypothèque serait *infirmius* sur les fruits et *firmius* sur l'héritage. Pour établir cette théorie, Cujas se fonde sur la loi 1, § 2, *De Pignoribus. et hyp.*, au Digeste, qui semble bien en effet dire cela. Mais Cujas n'a pas pris garde que le motif invoqué par Papinien est en contradiction formelle avec cette doctrine. Le jurisconsulte dit, en effet, que le créancier ne peut poursuivre la restitution des fruits, parce que ceux-ci n'ont jamais appartenu au débiteur. Ils appartenaient donc au possesseur de bonne foi, même avant d'être consommés et dès le moment où ils ont été séparés du sol. Le mot *consumptos* a été ajouté par les compilateurs, et l'interpolation est évidemment démontrée par l'observation que nous venons de faire. Au reste M. Pellat a mis en pleine lumière la véritable doctrine des jurisconsultes romains sur ce point : la distinction entre les fruits consommés et ceux non consommés est une malheureuse innovation du Bas-Empire, introduite par une constitution de Dioclétien et de Maximien, par suite de l'influence qu'ont exercée des règles relatives à la *hereditatis petitio*. En nous plaçant à l'époque où vivait Papinien, et en substituant la véritable pensée du jurisconsulte à celle que lui prête Cujas, nous dirons : l'acquisition des fruits par le possesseur de bonne foi, au moyen de la seule séparation du sol, a sur l'hypothèque une influence que n'a pas l'usucapion. Les fruits dont il s'agit n'ont jamais appartenu au débiteur. Il les a bien hypothéqués, mais il ne faut pas oublier que l'hy-

---

[1] L. 3, Cod. In quibus causis.

pothèque ne peut porter que sur des choses qui sont *in bonis debitoris* au moment de sa constitution, ou tout au moins sur des choses qui deviennent plus tard la propriété du débiteur[1]. Ainsi la différence entre l'action quasi Servienne en tant qu'elle s'applique aux fruits s'explique très-aisément. Le créancier peut prétendre que l'héritage figurait parmi les biens du débiteur au moment où l'hypothèque a été créée, mais il ne peut pas dire la même chose des fruits.

Arrivons maintenant à la *præscriptio longi temporis*. Comme nous venons de le voir, le droit civil ne protégeait pas contre les hypothèques le tiers détenteur qui avait usucapé la chose. Mais le droit prétorien sentit la nécessité de venir au secours du possesseur de bonne foi qui avait une *justa causa*, lorsque cette possession s'était prolongée pendant dix ans entre présents et pendant vingt ans entre absents, suivant que le créancier hypothécaire et le tiers habitaient ou non la même province. Il était protégé contre l'action hypothécaire au moyen de la *præscriptio longi temporis*. Il n'y avait pas, à cet égard, à distinguer s'il s'agissait d'un immeuble ou d'un meuble, ou si la chose avait été vendue *a domino* ou *a non domino*[2].

2ᵉ Période qui a son point de départ dans la constitution de Théodose.

Trois constitutions occupent cette période : celle des empereurs Honorius et Théodose[3], celle de Justin[4], et celle de Justinien[5].

Dans l'ancien droit, le possesseur de mauvaise foi était perpétuellement soumis à l'action hypothécaire. Théodose et Honorius lui accordent, au bout de trente ans, la *præscriptio longi temporis*.

---

[1] L. 1, pr., Dig. De pignoribus et hyp. — L. 22, pr., Dig. De pignoribus et hyp. — L. 41, pr., Dig. De pigneratitia act.
[2] L. 3, Dig. De diversis temporalibus præsc.
[3] L. 3, Cod. De præscrip. XXX vel XL ann.
[4] L. 7, Cod. De præscript. XXX vel XL ann.
[5] L. 8, Cod. De præscript. XXX vel XL ann.

Justin, en limitant à quarante ans l'action hypothécaire exercée contre le débiteur ou ses héritiers, maintient la *præscriptio longi temporis* établie par Honorius et Théodose. Il prévoit ensuite deux hypothèses : celle où un créancier antérieur agit contre un créancier postérieur ; celle où un créancier postérieur exerce le *jus offerendi* à l'encontre d'un créancier antérieur. Dans le premier cas, il tranche des controverses qui s'agitaient autrefois dans la pratique, et il décide suivant certaines distinctions que l'action quasi Servienne, en tant qu'elle compète à un créancier antérieur contre un second créancier qui est en possession, dure quarante ans ou trente ans. Le débiteur est-il encore vivant, la *præscriptio longi temporis* ne peut s'accomplir que par quarante ans ; le débiteur est-il mort, elle s'accomplit par trente ans. La raison en est que si le débiteur vit encore, le deuxième créancier possède pour le compte de ce dernier, et que dès lors cette possession doit être traitée absolument comme si elle existait en la personne du débiteur. Mais, à partir du décès, le créancier postérieur commence à posséder *suo nomine*. Il pourra sans doute réunir les deux possessions ; mais alors il ne pourra invoquer que la *præscriptio longi temporis* de quarante ans, en ajoutant au temps pendant lequel il a possédé du vivant du débiteur commun le temps pendant lequel il a possédé depuis sa mort.

Le *jus offerendi* est soumis aux mêmes *præscriptiones* et suivant les mêmes distinctions.

Justinien s'occupe tout d'abord du tiers qui a possédé de bonne foi et en vertu d'une juste cause pendant dix ans ou pendant vingt ans. Il fait observer que la *præscriptio longi temporis* sert à le protéger non-seulement lorsqu'il s'agit pour lui de se défendre contre l'action hypothécaire, mais encore lorsqu'ayant perdu la possession par une circonstance fortuite, il est obligé de revendiquer la chose. Il fait remarquer qu'il n'y a pas là une innovation de sa part. « *Hoc enim et veteres leges, si quis eas recte inspexerit, sanciebant.* » Pour nous en tenir spécialement à notre matière, supposons que la chose hypothéquée soit tombée entre les mains du créancier, le tiers devenu propriétaire par l'usucapion la revendique contre lui. Voici comment la difficulté devait être résolue dans l'ancien droit : le créancier opposait à cette revendication une exception tirée de la constitution d'hypothèque, et que le demandeur paraly-sait au moyen de la *replicatio longi temporis*.

Sous Justinien, du reste, la *præscriptio longi temporis* de dix ou de vingt ans se confond avec l'usucapion en ce qui touche les immeubles. Mais il ne faut pas croire pour cela que l'usuca-pion et la *præscriptio longi temporis* de l'hypothèque s'accom-plissent en même temps. Supposons, par exemple, que le débi-teur constitue des hypothèques sur sa chose pendant que l'usucapion est en train de s'accomplir au profit d'un tiers. L'accomplissement de cette usucapion aura lieu par dix ou vingt ans, à partir du moment où le tiers se sera mis en posses-sion ; la *præscriptio longi temporis* de l'hypothèque par dix ou vingt ans, à partir du moment où l'hypothèque aura été con-stituée. De même supposons que le débiteur habite la même province que le tiers détenteur, et le créancier hypothécaire une autre province, et *vice versa*, l'usucapion s'accomplira par dix ans, la *præscriptio longi temporis* par vingt ans, ou récipro-quement. Enfin supposons qu'en la personne du débiteur il y ait une cause de suspension, la minorité de vingt-cinq ans, par exemple, qui n'existe pas en la personne du créancier hypo-thécaire, ou réciproquement, la *præscriptio longi temporis* contre l'hypothèque pourra se trouver accomplie avant l'usuca-pion, ou *vice versa*.

Justinien passe ensuite à la *præscriptio longi temporis*, soit de trente ans, soit de quarante ans, et il se demande si elle peut servir non seulement à repousser l'action hypothécaire, mais encore à poursuivre la chose quand on en a perdu la possession. Il résout la question par une distinction : le possesseur est-il de bonne foi sans *justa causa* ; il pourra, par voie d'action, suivre la chose contre le détenteur actuel, quel qu'il soit. Est-il de mauvaise foi ? La *præscriptio longi temporis* ne lui donne qu'un moyen de défense ; elle le laisse complétement désarmé en ce qui touche l'action. Si la chose est tombée entre les mains du créancier hypothécaire, celui-ci la gardera. Est-elle tombée entre les mains d'un autre détenteur, le créancier hypothécaire recouvrera contre ce dernier l'action quasi Servienne, jusqu'à ce que ce tiers puisse lui-même se prévaloir de la *præscriptio longi temporis*.

Tout cela suppose que le tiers détenteur primitif a été dépossédé sans violence ; car, dans l'hypothèse contraire, il pourrait exercer la revendication *sin ullu distinctione*.

VI. — Renonciation de la part du créancier.

Ici nous avons deux questions à traiter : 1° Dans quels cas le créancier doit-il être considéré comme ayant renoncé à l'hypothèque ? 2° Cette renonciation opère-t-elle *ipso jure* ou *exceptionis ope* ?

1° Dans quels cas le créancier doit-il être considéré comme ayant renoncé à l'hypothèque ?

Ces cas se présentent lorsqu'il y a renonciation expresse ; lorsqu'à la place de l'hypothèque le créancier accepte une autre sûreté ; lorsqu'il consent à l'aliénation de la chose hypothéquée ; lorsqu'il consent à ce que la chose soit hypothéquée à un tiers ; enfin dans d'autres circonstances qui sont abandonnées à l'appréciation du juge et que l'on ne peut ramener à une idée générale.

Renonciation expresse. — L'hypothèque est éteinte par la renonciation expresse du créancier[1].

Cette renonciation peut être totale ou partielle. C'est ainsi que le créancier peut, au moyen d'une remise, libérer la moitié indivise du fonds[2]. De là il résulte que, si les copropriétaires par indivis d'un seul et même fonds ont hypothéqué chacun sa part indivise, et si le créancier fait remise de l'hypothèque à un seul

---

[1] L. 23, Cod. De pignoribus et hyp. — L. 5, pr., Dig. Quibus modis, etc.
[2] L. 8, § 3, Dig. Quib. modis, etc.

d'entre eux, cette remise n'est que partielle, et, par suite, l'action hypothécaire pourra être exercée contre ce propriétaire devenu détenteur de la totalité de l'immeuble, pour la part indivise des autres et pour cette part seulement [1].

Aucune difficulté ne peut se produire quand la renonciation intervient entre le créancier et le débiteur ou le propriétaire de la chose hypothéquée ; mais le pacte de remise peut avoir lieu entre le débiteur et le *procurator* du créancier, ou bien entre le créancier et le *procurator* du débiteur.

Première hypothèse. — Le pacte de remise s'est formé entre le débiteur et le *procurator* du créancier. — Il faut tout d'abord distinguer quelle est la qualité du *procurator*. S'agit-il d'un *procurator in rem suam*, il a pu renoncer à l'hypothèque de telle façon que cette renonciation puisse être opposée même au *dominus litis* [2]. S'agit-il d'un *procurator* ordinaire, il faut encore sous-distinguer : s'il a reçu mandat spécial de renoncer à l'hypothèque, cette renonciation est valable vis-à-vis du *dominus*, de quelque manière qu'elle se soit produite. Si le mandat dont il est investi est un mandat général d'administrer les biens, il y a lieu d'examiner si la renonciation est à titre gratuit ou à titre onéreux. Dans le premier cas, elle doit être considérée comme non avenue ; dans le deuxième cas, elle sera parfaitement valable [3].

Deuxième hypothèse. — Le pacte de remise est intervenu entre le créancier et le *procurator* du débiteur. — S'agit-il d'un *procurator in rem suam*, nul doute que le pacte ne puisse être opposé par le débiteur au créancier [4]. S'agit-il d'un *procurator* ordinaire, il faudra examiner si ce *procurator* est une personne libre ou un esclave du débiteur. Dans le premier cas, le débiteur ne pourra pas repousser le créancier par l'*exceptio pacti conventi*, l'*exceptio pacti conventi* ne pouvant être acquise *per extraneam*

---

[1] L. 8, § 4, Dig. Quib. modis, etc.

[2] L. 8, § 2, Dig. Quibus modis. — L. 13, § 1, Dig. De pactis.

[3] L. 7, § 1. — L. 8, § 5, Dig. Quibus modis.

[4] L. 8, § 2, Dig. Quibus modis.

personam. Mais comme il y aurait dol de la part du créancier à exercer l'action hypothécaire, malgré la renonciation, il sera repoussé à l'aide de l'*exceptio doli*. Dans le deuxième cas, le débiteur pourra s'armer de l'*exceptio pacti conventi* elle-même[1].

Enfin, lorsque le créancier du défunt fait le pacte de remise avec l'héritier, l'*exceptio pacti conventi* profite au fidéicommissaire auquel l'hérédité a été restituée en vertu du sénatus-consulte Trébellien[2]. Si la restitution s'était opérée en vertu du sénatus-consulte Pégasien, la question ne pourrait se présenter, le créancier ne pouvant poursuivre le fidéicommissaire même à l'aide des actions utiles héréditaires.

Acceptation par le créancier d'une autre sûreté à la place de l'hypothèque. — Le créancier n'est pas obligé d'accepter une sûreté au lieu et place de l'hypothèque[3]. Mais s'il le fait, il renonce définitivement à l'hypothèque, quand bien même il aurait accepté à la place une sûreté non équivalente et même illusoire[4]. Ainsi le débiteur a donné au créancier un fidéjusseur pour remplacer l'hypothèque, celle-ci a disparu et ne peut plus revivre, quoique le fidéjusseur soit ou devienne insolvable[5].

Du consentement donné par le créancier à l'aliénation de la chose hypothéquée. — Le créancier qui donne son consentement à l'aliénation de la chose hypothéquée renonce par cela même à l'hypothèque : « *Creditor qui permittit rem venire pignus demittit*[6]. » Peu importe du reste la nature de l'aliénation, qu'il s'agisse d'une vente, d'un échange, d'une donation ou d'une constitution de dot, ce sont là des circonstances complétement indifférentes[7].

---

[1] L. 7, § 2, Dig. Quib. modis, etc.

[2] L. 8, § 1, Dig. Quib. modis, etc.

[3] L. 6, § 1, 6 et dernier, Dig. Quib. modis, etc.

[4] L. 6, § 1, Dig. Quib. modis, etc.

[5] L. 5, § 2, — L. 14, Dig. Quibus modis, etc.

[6] L. 158, Dig. De regulis juris, etc.

[7] L. 4, § 1, Quib. modis, etc., Dig. — L. 2 et 4, Cod. De remissione pignoris, etc.

Toutefois, le consentement du créancier à l'aliénation n'emporte renonciation que si l'hypothèque n'a pas été expressément réservée [1].

Il faut du reste que le consentement à la libération ait été donné par une personne capable d'aliéner. C'est ainsi que le consentement donné par un impubère sans l'autorisation de son tuteur ne serait pas efficace [2].

Peu importe, au surplus, que le consentement ait précédé l'aliénation ou l'ait suivie [3]; qu'il ait été formellement exprimé ou qu'il s'induise des circonstances. Ainsi le fait de la part du créancier d'avoir souscrit l'acte d'aliénation pourra, suivant les cas, être considéré tantôt comme impliquant une renonciation, tantôt comme complétement indifférent. Ce sera là une question abandonnée à l'appréciation du juge, qui, par exemple, maintiendra l'hypothèque s'il reconnaît que le créancier a voulu seulement assister à l'aliénation comme témoin. La signature du créancier pourra donc laisser la porte ouverte à un débat sur l'intention. Les jurisconsultes examinent à ce sujet certaines hypothèses.

Titius hypothèque la totalité d'un fonds à Sempronius, ensuite il hypothèque la totalité du même fonds à Gaius Scius. Enfin il le vend pour la totalité à Sempronius et à Gaius Scius. Aucun des deux acheteurs n'aura conservé d'hypothèque sur la part de l'autre à raison du consentement réciproque qu'ils ont donné à la vente. [4] — Lucius Titius, débiteur de sa femme Gaia Seia, lui a donné une hypothèque sur un fonds; ensuite, avec le consentement et la participation de sa femme, il a transféré *dotis causâ* la propriété de cet héritage au futur mari d'une fille commune. Le fonds étant revenu à la fille après la dissolution de son mariage, elle a usé du bénéfice d'abstention relativement à l'hérédité de son père décédé. Sa mère ne peut évidemment la pour-

[1] L. 4, § 1, Dig. Quib. modis, etc.
[2] L. 7, Dig. Quib. modis, etc.
[3] L. 4, § 1, Dig. Quib. modis, etc.
[4] L. 9, § 1, Dig. Quib. modis, etc.

suivre en vertu de l'action personnelle qu'elle avait contre Lucius Titius, et qui se trouve paralysée par le bénéfice d'abstention. Mais peut-elle du moins poursuivre en vertu de l'action hypothécaire sa fille considérée comme détentrice de l'immeuble hypothéqué? Le jurisconsulte se prononce pour la négative à raison du consentement qu'elle avait donné pour la constitution de dot[1].

Le créancier ne doit pas être regardé comme ayant consenti à la vente par cela seul qu'il l'a connue et qu'il ne s'y est pas opposé. Son inaction s'explique parce qu'il savait que l'aliénation ne portait aucune atteinte au droit de suite qui forme l'un des attributs du droit hypothécaire[2]. Dans certaines circonstances exceptionnelles, cependant, son silence s'interprète à cet égard contre lui. C'est ainsi que dans l'hypothèse d'une *distractio bonorum*, si les créanciers hypothécaires, avertis par la publicité donnée à la vente, n'ont rien dit, ils sont censés avoir renoncé à leur hypothèque[3].

Dans tous les cas où le consentement du créancier peut équivaloir à une renonciation, pour qu'il soit efficace, il faut que l'aliénation ait eu lieu, autrement il serait à considérer comme non avenu[4]. Mais si la vente a été réellement conclue, le créancier qui y a consenti ne pourra pas faire valoir son hypothèque, sous prétexte que la chose n'a pas encore été livrée. En effet, le vendeur est tenu de l'action *ex empto*, et l'acheteur doit être considéré comme ayant la chose même en sa possession en vertu de la règle : *qui habet actionem ad rem recuperandam ipsam rem habere videtur*. Peu importe aussi que l'acheteur ne soit pas disposé à payer le prix. Tout ce qui résulte de là, c'est que le vendeur a sur l'objet vendu un droit de rétention que l'acheteur peut faire cesser d'un instant à l'autre en payant[5].

---

[1] L. 11, au Dig. Quib. modis, etc.

[2] L. 8, § 15, au Dig. Quib. modis, etc.

[3] L. 6 et 8, Cod. De remissione pignoris.

[4] L. 8, § 6, au Dig. Quib. modis.

[5] L. 8, § 12, Dig. Quib. modis, etc.

Le consentement sera non avenu si pour une raison ou pour une autre la vente est frappée de nullité[1].

Mais que décider si, la vente ayant eu lieu valablement, le vendeur est resté néanmoins ou est rentré en possession de la chose de telle sorte qu'on ne puisse plus la lui enlever?

Cela peut se présenter dans plusieurs circonstances qu'il importe de soigneusement distinguer :

Et d'abord supposons qu'il s'agisse d'une vente simulée destinée seulement à libérer la chose entre les mains du débiteur par un consentement surpris à la bonne foi du créancier; il est évident que l'hypothèque n'a jamais été éteinte.

Il en sera de même si le vendeur et l'acheteur se sont départis de la vente, ou bien si le vendeur, ayant été poursuivi au moyen de l'*actio ex empto*, a gardé la chose en se laissant condamner *in id quanti interest*[2].

Dans tous ces cas, l'*exceptio remissi pignoris* ne serait pas fondée, la remise n'ayant été accordée qu'en vue de la vente, et la vente étant ou frappée de nullité, ou considérée comme n'existant pas, ou anéantie.

Voyons maintenant le cas où le vendeur rentre en possession, non pas en vertu de la résolution du contrat primitif, mais en vertu d'un titre nouveau, et cela de bonne foi. Par exemple, le vendeur a racheté la chose de l'acquéreur ou de son ayant cause, ou bien il est devenu l'héritier de l'acheteur : l'hypothèque va-t-elle revivre? Il y a ici plus de difficulté. La vente primitive est maintenue, et, à s'en tenir aux règles rigoureuses du droit, l'*exceptio remissi pignoris* paraît devoir réussir ; toutefois, il y a lieu de distinguer entre l'hypothèque spéciale et l'hypothèque générale. En ce qui touche l'hypothèque spéciale, l'*exceptio remissi pignoris* est paralysée par la *replicatio doli*[3]. La preuve du dol ne se puise sans doute pas dans l'aliénation primitive, puisqu'elle a eu lieu avec l'assentiment du créancier, ni dans l'ac-

[1] L. 4. § 2, Dig. Quib. modis, etc.
[2] L. 10, Dig. Quib. modis.
[3] L. 8, § 7, Dig. Quib. modis, etc.

quisition nouvelle faite par le débiteur, puisque nous la supposons de bonne foi. Elle se tire de la persistance que met le
débiteur à invoquer l'*exceptio remissi pignoris*, quand il n'a
pas payé la dette. Cette *replicatio doli* ne saurait être opposée
aux créanciers hypothécaires, ni aux autres ayants cause à titre
onéreux du débiteur ; mais elle le serait valablement aux ayants
cause à titre gratuit, la *replicatio doli* devant suivre les mêmes
règles que l'*exceptio doli*; nous supposons, bien entendu, que les
ayants cause à titre onéreux sont de bonne foi [1].

Quant à l'hypothèque générale, la question avait été, paraît-
il, controversée parmi les anciens juriconsultes. Les uns disaient
que l'objet, revenu entre les mains du débiteur, était de nouveau soumis à l'hypothèque à titre de chose future ; les autres,
que l'hypothèque était définitivement et irrévocablement éteinte.
C'est ce dernier sentiment qu'a consacré Justinien [2], peut-être
par suite de cette considération que le droit du créancier peut
s'exercer sur d'autres choses.

Il peut se faire que l'acheteur de la chose hypothéquée devienne l'héritier du vendeur avant d'avoir payé le prix, et alors
que ce prix était destiné à désintéresser le créancier. N'étant
pas propriétaire *jure successionis*, mais *jure emptionis*, c'est-
à-dire en vertu d'une *justa causa* sanctionnée par le consentement du créancier, il peut s'appuyer sur un titre qui est
toujours subsistant, et, suivant la rigueur du droit, repousser
l'action hypothécaire à l'aide de l'*exceptio remissi pignoris*. Mais
le créancier ne pourra-t-il à son tour paralyser cette exception
par la *replicatio doli*? Oui, il aura une semblable ressource à
sa disposition, l'arrangement pris par le débiteur, et à l'aide
duquel il a éteint la dette du prix qui devait être consacré à sa-
tisfaire le créancier constituant un dol par le fait, un *dolus in re*;
et l'équité devant se trouver blessée si le propriétaire actuel profitait d'un semblable arrangement [3]. Mais cette *replicatio doli* ne

---

[1] L. 4, § 31, Dig. De doli mali et met. except.
[2] L. Ult. Cod. De remiss. pign.
[3] L. 8, § 8, ff, Quib. modis.

pourrait être invoquée contre un deuxième créancier auquel l'acquéreur aurait hypothéqué le fonds, celui-ci, comme nous l'avons dit plus haut, étant un ayant cause à titre onéreux [1]. Aussi le jurisconsulte conseille-t-il au créancier qui consent à l'aliénation, à la condition qu'il sera désintéressé avec le prix, de se faire donner caution par celui qui doit acheter la chose, jusqu'à concurrence du montant de l'obligation [2].

Pour que la renonciation à l'hypothèque résulte du consentement donné par le créancier, il ne suffit pas que l'aliénation ait été consommée, il faut encore qu'elle l'ait été de la manière que l'a voulu le créancier. Question de fait complétement abandonnée à l'appréciation du juge. Ainsi, supposons que le créancier ait donné son assentiment à une aliénation à titre onéreux, à une vente par exemple, et que le débiteur ait fait une donation; il faudra distinguer : si le prix de la vente devait servir à désintéresser le créancier, l'hypothèque continuera à subsister, elle sera éteinte dans le cas contraire. Si, au lieu d'une donation, on suppose une constitution de dot; comme dans cette opération on retrouve le caractère onéreux, l'hypothèque disparaîtra. A l'inverse, dans l'hypothèse où le créancier a donné son approbation à une aliénation à titre gratuit, et que l'aliénation ait été faite à titre onéreux, l'hypothèque doit s'évanouir, à moins que le créancier n'ait consenti à la donation par suite des sentiments d'amitié qui l'unissaient au tiers acquéreur [3].

L'aliénation ne doit pas être considérée comme conforme au vœu du créancier, et par suite l'hypothèque ne reçoit pas d'atteinte, lorsque le débiteur n'a pas suivi les conditions qui lui avaient été dictées par le créancier. Si, par exemple, la vente devait être consentie pour dix, et qu'elle ait été faite pour cinq, le créancier n'en souffrira pas; mais la réciproque ne serait pas vraie, le créancier souffrirait d'une vente faite pour dix quand

[1] L. 8, § 9, ff, Quib. modis.
[2] L. 8, § 10, ff, Quib. modis.
[3] L. 8, § 13, ff, Quib. modis, etc. — L. 105, ff, De regulis juris.

elle devait être faite pour cinq[1]. De même à supposer que la vente dût être effectuée dans un délai déterminé, faite plus tard elle laisse subsister l'hypothèque[2].

Enfin pour que l'aliénation puisse être opposée au créancier, il faut qu'elle ait été consentie par la personne même à laquelle le créancier avait donné permission de le faire[3]. Mais l'héritier de cette personne doit, à ce point de vue, être considéré comme la personne elle-même[4].

Consentement donné à ce que la chose soit hypothéquée à un tiers. — Quand le créancier hypothécaire consent à ce que le débiteur hypothèque la chose à un tiers, il est évident qu'il renonce à son hypothèque au profit de ce tiers. Mais, pour parler le langage de nos jurisconsultes modernes, cette renonciation doit-elle être considérée comme subrogative ou simplement comme extinctive? On conçoit l'intérêt d'une semblable question : un héritage est hypothéqué à deux créanciers dont l'un est antérieur à l'autre, le débiteur hypothèque le fonds à un troisième créancier avec le consentement du premier. S'il y a subrogation, ce troisième créancier acquiert le premier rang et le second reste à sa place. Si, au contraire, il y a purement extinction, le deuxième créancier devient le premier, et position s'améliore. C'est en ce dernier sens que s'étaient prononcés les jurisconsultes romains[5]. Reste maintenant une question subsidiaire. Lorsque celui au profit duquel la renonciation a eu lieu aura été désintéressé, le renonçant pourra-t-il, à son tour et en dernier lieu, exercer son hypothèque, ou restera-t-il relégué dans la classe des créanciers chirographaires? C'est là un point qui doit être réglé suivant ce que les parties ont entendu faire[6].

Du reste, la renonciation à l'hypothèque peut être expresse

---

[1] L. 8, § 14, ff, Quib. modis.
[2] L. 8, § 18, ff, Quib. modis.
[3] L. 8, § 17, ff, Quib. modis.
[4] L. 8, § 17, ff, Quib. modis.
[5] L. 12, pr. ff, Quib. modis, etc.
[6] L. 12, § 4, ff, Qui potiores.

ou tacite, et résulter, par exemple, de la circonstance que le créancier a souscrit l'acte de constitution d'hypothèque[1].

Circonstances diverses d'où peut résulter la renonciation à l'hypothèque. — La renonciation à l'hypothèque peut résulter de la remise volontaire faite par le créancier au débiteur de l'écrit qui constate la constitution d'hypothèque[2]; de la circonstance que le créancier a restitué volontairement au débiteur les choses reçues en gage, pourvu, bien entendu, que ce ne soit pas en vertu du contrat de précaire[3]; de la circonstance que le créancier a fait remise de la dette, quand bien même, par un motif quelconque, cette remise serait frappée de nullité, à supposer que le vice qui l'infecte ne soit pas de nature à exercer son influence sur la remise du gage. Par exemple, un conjoint créancier de son conjoint lui remet une obligation à la sûreté de laquelle une hypothèque avait été constituée. Cette remise est nulle, parce qu'elle constitue une donation prohibée, c'est-à-dire une donation diminuant le patrimoine du donateur pour augmenter celui du donataire. Mais la renonciation à l'hypothèque, qui dans la pensée du donateur devait être la conséquence de la remise de la dette, sera maintenue; cette renonciation ne constituant pas une donation proprement dite parce qu'elle ne contient pas un appauvrissement pour le donateur et un enrichissement pour le donataire[4]. Mais si la remise de la dette était nulle pour défaut de consentement, cette nullité rejaillirait sur la renonciation à l'hypothèque[5].

2° La renonciation du créancier éteint-elle l'hypthèque *ipso jure* ou *exceptionis opes.*

Noodt a soutenu que la renonciation du créancier à l'hypothèque opérait *ipso jure*. Cujas a soutenu l'opinion contraire. Les détails dans lesquels nous sommes entrés et les textes que

[1] L. 9, § 1, ff, Quib modis, etc.
[2] L. 7, Cod. De remissione pign., etc
[3] L. 0, Cod. De luitione pign., etc.
[4] L. 1, § 1, Quib. modis. ff.
[5] L. 5, Cod. De remiss. pign.

nous avons cités donnent à pressentir que nous nous rangeons à l'avis de Cujas. La loi 17, § 2, *de Pactis*, nous paraît d'ailleurs péremptoire en ce sens. Paul nous dit : « *De pignore jure honorario nascitur pacto actio; tollitur autem per exceptionem, quotiens paciscor ne petam.* » Il est bien vrai que ce texte statue dans l'hypothèse où il s'agit d'un pacte de *non petendo* portant sur la dette elle-même; mais c'est là une circonstance complétement indifférente. N'est-il pas clair, en effet, qu'en renonçant à l'obligation, le créancier veut par là même renoncer à l'hypothèque, à moins que la remise de la dette ne soit accompagnée d'une clause tout à fait inusitée et en vertu de laquelle il se démettrait de son action personnelle, tout en se réservant l'action hypothécaire? Si l'opinion de Noodt était fondée, l'effet de la renonciation à l'hypothèque s'opérerait donc *ipso jure* dans le cas où le créancier ferait remise de l'hypothèque, en conservant la créance, comme dans le cas où il fait remise de la créance, et où cette remise ne porte sur l'hypothèque qu'accessoirement. Au surplus, cette opinion est repoussée par les conditions toutes spéciales qu'exige l'extinction de l'hypothèque, et par la rédaction de la formule hypothécaire. Nous le savons, l'hypothèque ne peut s'éteindre que par un payement ou un mode de satisfaction analogue. Lors donc que, dans l'*intentio* de la formule, le créancier prétend : 1° que la chose était *in bonis debitoris* au moment de la constitution d'hypothèque; 2° que, depuis cette époque, il n'y a eu ni payement ni satisfaction analogue; le débiteur a beau se défendre en disant que le demandeur a renoncé à l'hypothèque. Ce moyen de défense n'est pas la contradiction directe de la prétention du créancier, le pacte de remise n'étant ni un payement ni un mode analogue. Mais nous nous rangerions à l'avis de Noodt toutes les fois qu'il y a eu de la part du créancier acceptation d'une autre sûreté au lieu et place de l'hypothèque. D'une part, la loi 17, § 2, ff., *de Pactis*, ne s'oppose pas à cette solution, puisqu'elle prévoit le cas d'un simple pacte *de non petendo*. D'autre part, le débiteur peut vraiment prétendre qu'il a donné satisfaction au créancier, et opposer ainsi à l'*intentio* de la formule hypothécaire une contradiction directe.

VII. — ALIÉNATION DE LA CHOSE HYPOTHÉQUÉE.

Les effets de l'aliénation de la chose hypothéquée doivent être examinés dans quatre hypothèses différentes, suivant qu'elle a été faite par un créancier hypothécaire, par le débiteur, par le fisc, ou par l'*arbiter communi dividundo* ou *familiæ erciscundæ*.

Première hypothèse. — Aliénation consentie par le créancier hypothécaire.

La vente consentie par le créancier hypothécaire qui a le *jus vendendi*, c'est-à-dire par celui qui occupe le premier rang, soit qu'il l'ait toujours eu, soit qu'il y ait succédé au moyen du *jus offerendi*, purge toutes les hypothèques ultérieures [1]. Mais la vente consentie par un créancier qui ne serait pas investi du *jus vendendi* laisserait subsister les hypothèques soit antérieures soit postérieures.

Deuxième hypothèse. — Aliénation consentie par le débiteur.

L'aliénation consentie par le débiteur sans le consentement du créancier ne porte aucune atteinte au droit de ce dernier. La propriété de la chose passe à l'acquéreur, *cum sua causa* [2].

Cette règle néanmoins n'est pas sans exception.

Première exception. — C'est un fonds de commerce qui a été hypothéqué ; les marchandises qui y sont contenues étant destinées à être aliénées, la vente que le débiteur en consent purge l'hypothèque [3]; bien que le jurisconsulte ne parle que d'une *taberna*, il faut néanmoins étendre sa décision par voie

---

[1] L. 6 et 7, Cod. De obligationib. et Act. — L. 6, Cod. Qui potiores in pign. — L. 1, Cod. Si antiquior. — L. 4 et 5, Dig. De distract. pign. — L. 8, Cod. Qui potiores, etc.

[2] L. 18, § 2, Dig. De pignerat. Act. — L. 15, Cod. De pignoribus. — L. 10, Cod. De remissione pign. — L. 12, Cod. De distract. pign.; etc. — L. 4, Cod. De evictionibus.

[3] L. 51, pr., Dig. De pignoribus et hyp.

d'analogie à toute *universitas* qui serait hypothéquée et qui comprendrait des choses dont la destination consisterait à être vendues.

Deuxième exception. — Lorsque l'hypothèque porte sur des esclaves, on peut comparer le cas où ils sont affranchis au cas où ils seraient aliénés. Dans la première hypothèse, l'affranchissement est maintenu ou se trouve frappé de nullité conformément aux distinctions suivantes : S'agit-il d'une hypothèque générale sur les biens présents et à venir, le débiteur confère valablement la liberté à ses esclaves [1]. S'agit-il d'une hypothèque spéciale expresse, l'affranchissement est non avenu [2]. S'agit-il de l'une de ces hypothèques tacites qui ne portent que sur certaines choses, les esclaves peuvent être valablement affranchis. C'est ainsi que les esclaves qui habitent avec le locataire la maison louée, bien que tacitement affectés à l'hypothèque du locateur, acquièrent irrévocablement la liberté, pourvu qu'elle leur soit donnée avant que le locateur n'ait fait procéder par qui de droit à l'apposition des scellés [3]. Toutefois, cela ne s'applique pas aux esclaves qu'un tuteur aurait achetés avec l'argent de son pupille. Ces esclaves, comme tous autres objets acquis par le tuteur avec les deniers de l'impubère, sont tacitement hypothéqués au profit de ce dernier, et il a été admis *favore pupillorum*, qu'ils ne pouvaient être affranchis à leur préjudice [4].

Troisième exception. — Lorsqu'un héritier bénéficiaire aliène des choses héréditaires affectées d'hypothèque pour payer des dettes de la succession ou des legs, l'action hypothécaire ne peut plus être exercée ni contre l'héritier, ni contre l'acquéreur. Mais elle peut l'être contre les créanciers postérieurs ou contre les légataires détenteurs desdits objets [5].

---

[1] L. 3, Cod. De servo pign. dat. man.

[2] L. 3, in fine. — L. 1 et 2, Cod. eod. tit.

[3] L. 0 et 6, Dig. In quibus causis pign. — Conf., lol 56, Dig. Locati. — L. 20. De injuriis lex ultima, Cod. Theodos. De admin., tit.

[4] L. 6, Cod. De servo pign. dat. man.

[5] L. 22, § 5 à 8, Cod. De jure deliberandi.

Troisième hypothèse. — Aliénation consentie par le fisc.

Suivant une constitution de l'empereur Zénon, le fisc peut aliéner même les choses dont il n'est pas propriétaire et en transférer immédiatement la propriété à autrui. Cette aliénation purge l'hypothèque qui grevait la chose, sauf le recours du créancier hypothécaire pendant quatre ans contre le fisc. Une constitution de Justinien a étendu celle de Zénon au trésor particulier de l'empereur et de l'impératrice [1].

Quatrième hypothèse. — Adjudication prononcée par l'*arbiter familiæ erciscundæ* ou *communi dividundo*.

Lorsqu'une chose appartient par indivis à deux personnes, et que l'une d'elles hypothèque sa part indivise, que deviendra cette hypothèque à la suite de l'*adjudicatio* au moyen de laquelle l'*arbiter* aura conféré à chacun des intéressés la propriété de portions déterminées? Va-t-elle se répartir uniquement sur la part attribuée à celui qui l'a constituée, ou frappera-t-elle encore une part indivise de la portion attribuée à l'autre copartageant? Tout dépend de la question de savoir à quel point de vue l'adjudication doit être envisagée. Est-elle déclarative ou translative de propriété? Dans le premier cas, l'hypothèque s'effacera sur la partie déterminée attribuée au copartageant étranger à la constitution et viendra se répartir tout entière sur la part déterminée attribuée au copartageant de qui émane la constitution. Dans le deuxième cas, au contraire, l'hypothèque continuera de reposer sur une part indivise de la totalité du fonds et par suite sur une part indivise du lot de chacun des intéressés. Dans le premier système, le copartageant qui n'a pas constitué l'hypothèque n'a pas d'éviction à craindre relativement à son lot, et par conséquent, il n'y a point possibilité de recours contre le copartageant par qui l'hypothèque a été créée. Dans le deuxième système, au contraire, tous ces inconvénients sont à redouter. Aussi, Trebatius, dont l'esprit en avait été frappé, avait-il proposé de donner à l'adjudication un caractère déclaratif. Mais

[1] Inst. § 14, De usucap. et longi temp., etc. — L. 2 et 3, Cod. De quadriennii præscript.

son opinion était restée à l'état complet d'isolement, et avait été repoussée par l'inflexible logique de tous les autres jurisconsultes, qui n'avaient pas pu se résigner à reconnaître au juge la faculté de porter atteinte aux droits des parties [1]. Aussi avaient-ils décidé que la portion indivise de la totalité du fonds qui avait été primitivement hypothéquée continuerait d'être assujettie à l'hypothèque, même entre les mains de l'autre copartageant [2]. Ce n'est pas qu'ils n'eussent aperçu les inconvénients pratiques attachés à cette décision, et ils avaient cherché à y parer à l'aide des deux procédés que voici : 1° la part déterminée mise dans le lot du copartageant non débiteur pouvait être estimée déduction faite de la dette [3]; 2° le copartageant débiteur pouvait donner au copartageant non débiteur le droit de vendre la portion indivise de son lot qui était restée libre. Ce pacte équivalait à une constitution d'hypothèque, de telle sorte que si le copartageant non débiteur était évincé par les créanciers hypothécaires de la portion indivise qu'il tenait de l'autre copartageant, il pouvait exercer le *jus vendendi* relativement à la part que ce dernier lui avait donné la faculté de vendre. Ainsi le lot du copartageant débiteur était grevé de deux hypothèques, l'une au profit du créancier primitif, l'autre au profit du copartageant non débiteur. Mais entre ces deux hypothèques, il n'y avait pas de conflit à redouter, attendu qu'elles portaient sur des portions indivises différentes [4]. — Mais il faut reconnaître que ces deux procédés étaient insuffisants. Tous les deux supposaient que le copartageant débiteur était de bonne foi et révélait lui-même l'existence de l'hypothèque qu'il avait constituée; et en conséquence, la clandestinité, qui était la base du système hypothécaire des Romains, pouvait bien souvent être un obstacle à de pareils arrangements. Remarquons ensuit que le deuxième moyen ne prévenait pas le recours, puisque, a

[1] L. 31, ff, De usu. et usufr., etc.
[2] L. 7, § 4, ff, Quib. modis, etc.
[3] L. 6, § 8, ff, Comm. dividundo.
[4] L. 3, § 2, ff, Qui potiores, etc.

contraire, il avait pour but d'en assurer l'efficacité au moyen d'une constitution d'hypothèque. Quant au premier, à savoir l'estimation de l'un des deux lots, déduction faite du montant de la dette, il mettait bien obstacle aux actions récursoires, mais il pouvait se présenter telle ou telle circonstance où il ne pouvait être appliqué. Il suppose, en effet, que le partage comprend d'autres objets que la chose qui a été hypothéquée, objets à l'aide desquels on compense au profit du copartageant non débiteur l'inégalité qui résulte pour lui de l'éviction dont il est menacé. Quand le fonds dont il s'agit est l'objet unique du partage, l'*arbiter* peut bien, il est vrai, recourir à l'établissement d'une soulte; mais le copartageant débiteur peut être insolvable. La fiction de notre droit français, qui consiste à considérer le partage comme déclaratif de propriété (art. 883, C. Civ.), satisfait donc mieux que la logique romaine à l'utilité pratique.

Cette idée, que chacun des copartageants acquiert les objets qui lui sont attribués par l'adjudication avec l'affectation des charges hypothécaires constituées par l'autre copartageant, donne la clef de la véritable interprétation qu'il faut donner à la constitution par laquelle Justinien établit au profit des légataires une hypothèque légale[1]. Aux termes de cette constitution, le légataire ne peut poursuivre chacun des héritiers même par l'action hypothécaire que *pro portione hereditaria*. Cette règle n'a rien qui choque l'indivisibilité de l'hypothèque. Le défunt, en effet, n'a jamais été débiteur du legs. Cette dette ne naît qu'en la personne des héritiers et par suite de l'adition d'hérédité; pour mieux dire, il naît à cette époque autant de dettes et d'hypothèques distinctes qu'il y a d'héritiers. Mais cette division de l'action hypothécaire n'a lieu que dans l'hypothèse où le partage n'a pas encore été effectué; lorsqu'il l'a été chacun des héritiers doit pouvoir être poursuivi hypothécairement pour le tout. Un exemple mettra notre pensée en pleine lumière : soient un legs égal à six, deux héritiers, et dans la succession deux immeubles dont

---

[1] L. 1, Cod. Comm. de legatis, etc.

chacun a une valeur égale à six; par l'adition d'hérédité, chacun des héritiers est devenu débiteur de trois, et la part indivise de chacun dans chaque immeuble est affectée à la sûreté de cette obligation. Si donc le légataire en poursuit l'exécution avant le partage, en poursuivant les deux héritiers, il pourra exercer son droit hypothécaire sur la totalité de chacun des immeubles, moitié du chef de chacun des héritiers, et en conséquence il obtiendra le payement intégral de son legs. Supposons maintenant qu'à la suite du partage chacun des cohéritiers devienne propriétaire de la totalité de l'un des deux immeubles. La moitié indivise qu'il y avait auparavant reste de son chef assujettie à l'hypothèque; quant à l'autre moitié indivise qu'il acquiert du chef de l'autre cohéritier, elle lui arrive, en vertu du caractère translatif de l'adjudication, grevée de l'hypothèque à laquelle cet autre copartageant était assujetti. Il pourra donc hypothécairement être poursuivi pour le tout; il faudra seulement remarquer qu'il le sera pour moitié en sa qualité de débiteur personnel, et pour l'autre moitié en sa qualité de tiers détenteur; d'où la conséquence, qu'en payant la part dont il est tenu personnellement, il pourra se soustraire à l'action hypothécaire pour le restant en délaissant l'autre part; la raison en est que sur chacun des fonds il y a deux hypothèques distinctes qui ont été réunies par l'adjudication, plutôt qu'une seule et même hypothèque; que si l'adjudication avait été revêtue d'un caractère déclaratif, chacun des héritiers étant censé tenir le fonds mis dans son lot du défunt lui-même, ce fonds serait considéré comme ayant toujours été hypothéqué de son chef pour la totalité, et en conséquence, quelle que fût la portion du legs dont il serait resté débiteur, il aurait été obligé, pour se soustraire aux poursuites du légataire, d'abandonner la totalité du fonds; la raison en eût été que chacun des héritages n'aurait jamais été grevé que d'une hypothèque unique.

L'effet translatif de l'adjudication amène à cette autre conséquence, que si le *De cujus* a imposé la charge du legs à un seul des héritiers, le fonds mis dans le lot de l'héritier non grevé y passe affecté pour une portion indivise de l'hypothèque née du chef de l'autre cohéritier; de telle façon que le copartageant non débiteur est du moins tenu comme tiers détenteur. L'effet déclaratif de l'adjudication, à supposer qu'il eût existé, aurait abouti à un résultat tout à fait opposé. L'héritier non débiteur du legs étant considéré comme ayant toujours été propriétaire du fonds qui lui a été attribué, l'immeuble serait devenu sa propriété, débarrassé de l'hypothèque du chef de l'héritier débiteur, et l'action hypothécaire eût été impossible.

VIII. — Mauvais usage.

L'abus que le créancier fait de la chose engagée n'éteint pas en principe le droit de gage. Mais cette règle générale comporte exception : lorsque c'est une esclave qui a été donnée en gage et que le créancier l'a prostituée ou l'a forcée à faire quelque autre action illicite[1].

[1] L. 24, § 3, ff, Pign. Act.

DROIT FRANÇAIS.

DE L'EXTINCTION TOTALE OU PARTIELLE DES PRIVILÉGES ET DES HYPOTHÈQUES.

Les évènements qui portent atteinte au droit d'hypothèque se divisent en quatre grandes classes :

I. — Évènements qui éteignent l'hypothèque acquise et en font radier l'inscription.

II. — Ceux qui diminuent une hypothèque ou l'étendue de son inscription.

III. — Ceux qui portent atteinte au droit d'inscrire une hypothèque valablement acquise.

IV. — Ceux qui laissent subsister l'hypothèque mais qui lui font perdre son rang.

PREMIÈRE PARTIE.

ÉVÉNEMENTS QUI ÉTEIGNENT L'HYPOTHÈQUE ACQUISE ET EN FONT RADIER L'INSCRIPTION.

Ces évènements se subdivisent en deux catégories :

I. — Ceux qui éteignent l'obligation et l'hypothèque par voie de conséquence.

II. — Ceux qui éteignent l'hypothèque sans éteindre l'obligation.

Nous allons successivement passer en revue les uns et les autres; nous nous occuperons ensuite de la radiation de l'inscription qui en est la conséquence.

CHAPITRE PREMIER.

EXTINCTION DE L'HYPOTHÈQUE PAR VOIE DE CONSÉQUENCE

L'article 2180 du Code civil dit : « Les priviléges et hypothèques s'éteignent : 1° Par l'extinction de l'obligation principale. » Il faut donc à titre de développement combiner cette disposition avec celle de l'article 1234.

Les modes d'extinction vrais ou prétendus qui sont signalés dans ce dernier article sont naturels, accidentels, ou viennent déclarer d'une manière rétroactive que l'obligation n'a jamais existé.

Les modes naturels se ramènent tous au payement, c'est-à-dire à la prestation de ce qui est dû.

Les modes accidentels consistent dans le dissentiment des parties, lequel se produit, tantôt gratuitement, et prend alors le nom de remise de la dette, tantôt à titre onéreux, et s'appelle novation ou dation en payement, suivant qu'en échange de la créance abandonnée le créancier reçoit une autre créance ou un objet autre que celui qui est dû. Il faut y ajouter la prescription et la perte de la chose due.

Mais la confusion, la condition résolutoire, l'action en nullité ou en rescision n'éteignent point la dette. A proprement parler, la confusion ne fait que la paralyser par suite de l'impossibilité dans laquelle se trouve le créancier d'exercer la poursuite contre lui-même. Quant à la condition résolutoire et à l'action en nullité ou en rescision, elles font considérer la dette comme n'ayant jamais existé.

En ce qui touche l'influence des faits précédents sur l'hypothèque, il n'y en a que quelques-uns qui nécessitent des observations spéciales, ce sont : le payement, la novation, la dation en payement et la prescription.

SECTION PREMIÈRE.

Modes naturels.

I. — Du Payement.

Le payement se produit sous des faces diverses. Il est sans subrogation ou avec subrogation; il est accepté volontairement par le créancier ou bien il est forcé; enfin il peut s'agir d'un payement réel ou d'un payement fictif.

Le payement a lieu sans ou avec subrogation.

Lorsqu'il a lieu sans subrogation, les hypothèques et les priviléges s'éteignent. Mais il faut pour cela qu'il soit intégral à raison de l'indivisibilité, de l'hypothèque et de plus définitif (art. 2114", C. Civ.). Il y a une application remarquable de cette idée dans le Code de commerce. En cas de faillite, lorsque le failli étant en état d'union, il est procédé à la liquidation de son patrimoine, pour le prix provenant de la vente être distribué entre les divers créanciers, si la répartition du gage chirographaire s'effectue avant celle du gage hypothécaire, les créanciers ayant hypothèque ont le droit d'y participer et de toucher un dividende proportionnel au montant intégral de ce qui leur est dû.

Mais leur droit sur la totalité des immeubles subsiste non-seulement pour l'excédant de leur créance sur le dividende proportionnel qu'ils ont touché, mais encore pour toute cette créance, ce qui est un effet du caractère provisoire dont se trouve revêtu le payement effectué entre leurs mains sur la masse chirographaire. Par suite, ils se présenteront ultérieurement à la distribution de la masse hypothécaire comme s'ils n'avaient absolument rien reçu, et s'ils sont colloqués utilement, il sera démontré par là qu'ils n'étaient point créanciers chirographaires ; et ils seront obligés de reverser à la première masse tout ce qu'ils auront perçu (art. 554 C. com.). A l'inverse, s'ils ne sont colloqués utilement pour aucune portion de leur créance, l'événement sera venu prouver qu'ils étaient créanciers simplement cédulaires ; et ils garderont ce qu'ils auront reçu (art. 556 C. com.). Entre ces deux hypothèses extrêmes vient se placer un cas intermédiaire, celui où les créanciers dont il s'agit sont utilement colloqués sur la masse hypothécaire, mais seulement pour partie. Alors ils auront été vraiment créanciers chirographaires pour le surplus, ils auront eu le droit de toucher dans la masse chirographaire un dividende proportionnel à ce surplus, et en conséquence ils seront obligés de lui restituer ce qui excède ce dividende dans celui qu'ils ont touché (art. 555 C. com.).

II. — Du payement avec subrogation.

Le payement avec subrogation laisse subsister les privilèges et les hypothèques. Suivant certaines personnes, il y a là une dérogation très-grave à la règle suivant laquelle l'extinction de l'obligation principale entraîne celle des accessoires. Dans ce système, la créance primitive a disparu et a été remplacée par une action de gestion d'affaire, ou par celle résultant du prêt, suivant les circonstances ; seulement, en vertu de sa toute-puissance, la loi ressuscite certains accessoires de l'ancienne dette, tels que le privilège ou l'hypothèque, pour les rattacher à la nouvelle. Ce n'est pas là notre sentiment. Dans notre opinion, la première dette n'est éteinte que dans les rapports du subrogeant et du subrogé ; elle subsiste dans les rapports du subrogé et des tiers. La créance qui a été payée passe avec tous ses accessoires, sans aucune espèce de distinction, sur la tête du subrogé, en vertu d'une cession d'une nature spéciale, et qui diffère de la cession ordinaire en ce que celle-ci repose sur une idée de spéculation, tandis que la subrogation suppose un service rendu au débiteur, et, de la part du subrogé, l'intention unique de s'assurer le recouvrement de ses déboursés. S'il en est ainsi, le maintien des priviléges et des hypothèques, malgré le payement avec subrogation, ne contient point d'exception au principe posé par l'art. 2180 ¹, l'obligation principale n'étant pas éteinte.

III. — Payement forcé.

Le payement, avons-nous dit, peut être volontaire ou forcé. Jusqu'à présent, nous avons supposé un payement volontaire. Dans l'hypothèse d'un payement réalisé à l'aide des offres et de la consignation, tant que celle-ci n'a point été acceptée par le créancier, ou qu'il n'est pas intervenu un jugement passé en force de chose jugée pour la valider, elle peut être retirée, et alors les codébiteurs ni les cautions ne sont libérés, ni les hypothèques ne sont éteintes (art. 1261 C. civ., et arg. de 1203). Mais, à partir de l'acceptation par le créancier, ou du jugement passé en force de chose jugée qui la valide, il s'opère une extinction définitive des hypothèques, et lors même que le créancier consentirait ultérieurement à la reprise de la somme consignée par le débiteur, elles ne revivraient pas. Il n'aurait plus d'hypothèque que du jour où l'acte par lequel il a consenti que la consignation serait retirée, serait revêtu des formes voulues pour emporter hypothèque (art. 1263 C. civ.).

IV. — Payement fictif.

Le payement, avons-nous enfin ajouté, peut être réel ou fictif. Le payement fictif consiste dans la compensation ; il produit son effet de plein droit, par la seule force de la loi et même à l'insu des débiteurs. Les deux dettes s'éteignent réciproquement à l'instant où elles se trouvent exister à la fois, jusqu'à concurrence de leurs quotités respectives (art. 1290 C. civ.), et avec elles les priviléges et les hypothèques qui s'y rattachaient. Cette compensation légale, substituée par la plupart de nos anciens auteurs à la compensation judiciaire des Romains, par une fausse interprétation des textes, et produisant ses effets sans que les intéressés s'en doutent, a des conséquences injustes devant lesquelles les rédacteurs du Code ont reculé. Ainsi, celui qui a payé une dette qui était de droit éteinte par la compensation peut se prévaloir, au préjudice des tiers, des priviléges et des hypothèques qui étaient attachés à sa créance s'il a eu un juste motif d'ignorance (art. 1299 C. civ.). Seulement, en répétant ce qu'il a payé, exerce-t-il sa créance primitive, ou la *condictio indebiti* ? La justice et le texte de la loi nous déterminent à penser qu'il exerce sa créance primitive, et en conséquence, dans notre opinion, nous ne rencontrons pas encore ici de véritable dérogation à l'extinction des hypothèques comme conséquence de l'extinction de l'obligation. Il y aurait évidemment une exception à ce principe dans le système opposé, qui remplace la créance primitive définitivement éteinte par une *condictio indebiti* à laquelle viennent s'ajouter les sûretés de l'ancienne dette.

SECTION DEUXIÈME.
Modes accidentels.

En ce qui touche les modes accidentels d'extinction, nous n'avons à nous occuper que de l'abandon à titre onéreux de la créance, lequel se produit tantôt sous la forme d'une novation, tantôt sous celle d'une dation en payement, en y ajoutant la prescription.

I. — NOVATION.

Lorsque la dette est éteinte par une novation, les priviléges et hypothèques de l'ancienne créance ne passent pas à celle qui lui est substituée (art. 1278 C. civ.).

Mais ici la règle n'est point sans exception, car le législateur ajoute immédiatement : « A moins que le créancier ne les ait expressément réservés. » Cette réserve des priviléges et des hypothèques peut être faite dans diverses circonstances.

Et tout d'abord on peut supposer que le créancier et le débiteur restent les mêmes et qu'il y a novation par changement d'objet; le maintien des priviléges et des hypothèques dépend alors de la volonté des parties, avec cette restriction néanmoins que les sûretés spéciales dont il s'agit ne garantissent la nouvelle obligation que dans les limites de la première, afin que les tiers intéressés n'éprouvent aucun préjudice.

En deuxième lieu, la loi prévoit le cas d'une dette solidaire alors que l'un des débiteurs a constitué hypothèque sur ses immeubles au profit du créancier commun. La novation qui est faite avec l'autre débiteur éteint l'obligation solidaire et avec elle les hypothèques qui en étaient l'accessoire; bien plus, le créancier et le débiteur avec lequel la novation s'opère ne peuvent pas rattacher à la nouvelle dette les hypothèques de l'ancienne, même dans les limites de celle-ci, sans le consentement du débiteur qui les avait constituées (art. 1280 C. civ.). Une pareille disposition ne peut être rationnellement expliquée. Les rédacteurs du Code ont législativement consacré la mauvaise interprétation que Pothier, d'après ce que nous avons vu, avait donnée à la loi 30, *ff. De novationibus* [1]. Ce n'est pas que Pothier se fût trompé au fond sur la véritable théorie romaine. Mais il aurait dû se fonder sur la loi unique au Code *Etiam ob chirog.*,

[1] Pothier, *Traité des oblig.*, n° 599.

en faisant observer qu'un semblable état de choses était la conséquence rigoureuse des règles de la stipulation et se trouvait
incompatible avec la simplicité de notre droit français.

Enfin, le législateur garde le silence sur un cas expressément
traité par Pothier, celui où la novation s'effectue par *expromissio*.
On pourrait au premier abord être tenté de tirer parti de ce
silence pour faire retour aux véritables principes, et décider que
le créancier et le débiteur nouveau ont la faculté, même sans le
consentement du débiteur primitif, de réserver les hypothèques
constituées par ce dernier pour sûreté de l'ancienne dette dans
les limites de cette dette. Mais ce serait méconnaître la pensée
des rédacteurs du Code. L'hypothèse de l'*expromissio* est celle
que Pothier avait principalement en vue, ainsi que le jurisconsulte Paul, en la loi 30, *ff. De novationibus*, et la solution
qu'il lui avait donnée servait de prémisses à celle qu'il adoptait
dans le cas de la dette solidaire; en d'autres termes, cette dernière
décision dans la doctrine de Pothier était la conséquence naturelle de la première, et en s'appropriant la conséquence dans
l'art. 1280, notre législateur s'est évidemment approprié les
prémisses.

Tout cela, nous le répétons, n'a rien qui puisse se justifier
aux yeux de la raison. Mais en pratique les parties ont un moyen
bien simple de se passer du consentement, soit du débiteur
primitif, soit du débiteur solidaire : c'est d'accompagner la novation d'une clause portant que si à l'échéance la nouvelle dette
n'est pas payée, l'ancienne dette sera maintenue. De cette façon,
la novation est subordonnée à une condition, et cette condition
venant à faire défaut, la novation ne se sera pas produite.

II. — DATION EN PAYEMENT.

Si le débiteur a transféré au créancier la propriété de la chose
donnée en payement, pas de difficulté. L'obligation est définitivement et irrévocablement éteinte avec tous ses accessoires.
Mais que décider si, la dation en payement ayant été faite *a non
domino*, le créancier se trouve évincé? Recouvrera-t-il son ancienne

créance et avec elle les priviléges et les hypothèques qui lui servaient de sûreté? Certains auteurs, partant de l'idée que la dation en payement renferme une novation, en concluent que la dette a été définitivement et irrévocablement éteinte, et que le créancier évincé ne peut plus se prévaloir contre son ancien débiteur des priviléges et des hypothèques dont il était autrefois investi. A l'appui de cette thèse, ils argumentent par analogie de l'article 2038 du Code civil, suivant lequel l'acceptation volontaire que le créancier a faite d'un immeuble ou d'un effet quelconque en payement de la dette principale, décharge la caution, encore que le créancier vienne à en être évincé.

Nous ne saurions nous ranger à cette théorie, et nous pensons qu'il faut argumenter de l'art. 2038 non *a pari*, mais *a contrario*. Même en adoptant l'idée d'une novation qui serait contenue dans la *datio in solutum*, nous dirions que cette novation est conditionnelle, qu'elle est subordonnée à la circonstance que le créancier deviendra propriétaire; de telle sorte que si cette circonstance fait défaut, la novation ne s'est pas accomplie. Mais nous croyons que les rédacteurs du Code n'ont pas assimilé la dation en payement à la novation. Ils l'ont mise bien plutôt sur la même ligne qu'une vente. Cela nous semble résulter de l'article 1595 qui, après avoir posé en principe que la vente est interdite entre époux, apporte à cette règle trois exceptions, et cite comme cas de vente permise entre conjoints trois cas de dation en payement. Or, la vente de la chose d'autrui est nulle (art. 1599); et de là il suit que la dation en payement de la chose d'autrui est aussi frappée de nullité, et doit être considérée comme non avenue. Au surplus, la loi fiscale envisage la *datio in solutum* au même point de vue que la loi civile en la frappant d'un droit proportionnel de vente. Nous avons raisonné, bien entendu, dans l'hypothèse où l'inscription n'avait été radiée ni périmée, sauf la réserve que nous faisons de la solution à donner en cas de radiation ou de péremption de l'inscription.

III. — PRESCRIPTION.

Parmi les modes accidentels d'extinction, il nous reste à parler de la prescription.

Les priviléges et les hypothèques s'éteignent par la prescription. « La prescription est acquise au débiteur, quant aux biens qui sont dans ses mains, par le temps fixé pour la prescription des actions qui donnent l'hypothèque ou le privilége » (art. 2180 *, première phrase). La loi, se plaçant dans l'hypothèse où l'immeuble hypothéqué est entre les mains du débiteur, décide que la dette étant éteinte par la prescription, l'extinction de l'hypothèque s'ensuit par voie de conséquence. Cette disposition ne présente rien d'inutile, même en présence de l'article 2180 *. Car, d'une part, elle abroge avec la fameuse loi *Cum notissimi*, la prescription de quarante ans généralement admise dans notre ancienne jurisprudence française, et d'autre part elle a pour but d'établir un contraste entre le cas où l'immeuble hypothéqué est resté entre les mains du débiteur et celui où il est passé entre les mains d'un tiers détenteur.

Restons actuellement dans le premier cas. La prescription de l'hypothèque est essentiellement subordonnée à celle de la dette. Elle a le même point de départ et le même terme final, d'où il résulte que s'il s'agit d'une créance pure et simple, elle courra du jour où l'obligation s'est formée, s'il n'y a d'ailleurs d'autre cause de suspension ; et que s'il s'agit d'une créance à terme ou conditionnelle, du jour de l'échéance du terme ou de la réalisation de la condition (art. 2257). Elle aussi est, en effet, une prescription libératoire, et cette idée amène à cette autre conséquence, que l'hypothèque sera éteinte du jour où la dette sera prescrite, quand bien même pendant l'intervalle le débiteur n'aurait fait sur l'immeuble aucun acte de possession. Enfin les mêmes causes qui interrompent la prescription de l'obligation interrompent aussi nécessairement celle de l'hypothèque, de telle sorte qu'il suffit au créancier d'interrompre la première pour interrompre en même temps la seconde.

CHAPITRE II.

DE L'EXTINCTION DE L'HYPOTHÈQUE, L'OBLIGATION SUBSISTANT TOUJOURS.

L'article 2180 énumère certains modes d'extinction de l'hypothèque qui laissent subsister la dette, mais il ne les contient pas tous, et sous ce rapport il a besoin d'être complété. Nous nous occuperons successivement des modes indiqués dans l'article 2180, ensuite de ceux sur lesquels il a gardé le silence.

SECTION PREMIÈRE.

Modes indiqués dans l'article 2180.

I. — Les privilèges et les hypothèques s'éteignent : 1° par la renonciation du créancier à l'hypothèque (art. 2180 ").

Il y a deux espèces de renonciation : la renonciation expresse et la renonciation tacite.

Lorsqu'il s'agit de renonciation expresse, il ne saurait y avoir de difficulté. Quant à la renonciation tacite, elle résulte de faits dont l'appréciation est abandonnée au pouvoir discrétionnaire des tribunaux. Ainsi la signature du créancier apposée à l'acte de vente, consentie par le débiteur, implique une renonciation, à moins qu'il ne puisse l'expliquer d'une autre manière. Ainsi cette signature laisserait subsister l'hypothèque, si le créancier l'avait donnée en qualité de notaire ou de témoin, en observant toutefois que même dans cette hypothèse il y aurait une véritable renonciation si l'acte contenait une clause portant que l'immeuble aliéné est libre de toute charge hypothécaire.

Mais sous quelque forme qu'elle se produise, la renonciation a lieu au profit des tiers qui traitent avec le débiteur et nullement au profit de ce dernier ; d'où il suit qu'elle n'exige point pour sa validité, à la différence de la remise de sa dette, le consentement du débiteur.

La renonciation tacite qui résulte du consentement donné par le créancier à l'aliénation de l'immeuble hypothéqué est du reste subordonnée à l'effet de cette aliénation ; il doit être considéré comme non avenu si l'aliénation est frappée de nullité ou se trouve résolue. Mais l'hypothèque ne revivrait pas si le débiteur acquérait ultérieurement la propriété de l'immeuble en vertu d'un titre nouveau et de bonne foi.

Il y a des cas dans lesquels la loi elle-même présume la renonciation. En matière de faillite les créanciers ayant hypothèque ou privilège ne peuvent prendre part aux délibérations du concordat à moins qu'ils ne renoncent à leur hypothèque ou privilège, et leur vote au concordat emporte de plein droit cette renonciation. Du reste ils peuvent, en renonçant à leur droit de préférence pour une fraction de leur créance, se faire admettre jusqu'à concurrence de ladite fraction, au rang des créanciers chirographaires et en cette qualité participer aux opérations relatives au concordat. Cela est généralement contesté par les auteurs, mais a été mis en pleine lumière par M. Bravard dans son *Manuel de droit commercial* et dans ses leçons à la faculté de Paris. Ce que l'article 508 * Cod. com. paraît avoir de trop absolu en la forme, quand il dit que la renonciation aux privilèges et hypothèques résulte de plein droit du vote au concordat, est corrigé par le premier alinéa de la même disposition, suivant lequel le vote au concordat est permis aux créanciers hypothécaires ou privilégiés pourvu qu'ils renoncent à leur droit de préférence, et rien ne dit que cette renonciation ne puisse être partielle. Au surplus cette théorie, qui considère le même créancier comme hypothécaire pour partie et comme chirographaire aussi pour partie, n'a rien de nouveau dans le droit commercial. Car nous avons déjà rencontré un semblable point de vue dans l'hypothèse particulière où, le failli étant en état d'union, il a été d'abord procédé à la liquidation de la masse chirographaire, et où, les créanciers hypothécaires, ayant dans cette masse touché un dividende proportionnel au montant intégral de leur créance, sont ensuite obligés de lui restituer une partie de ce dividende lorsque ultérieurement ils ne sont colloqués d'une manière utile sur la masse hypothécaire que pour une portion de ce qui leur est dû. Les autres parties intéressées ont beau dire qu'au moment où le concordat est délibéré la valeur de l'immeuble n'est pas connue et qu'il est impossible de savoir pour quelle fraction le créancier hypothécaire ou privilégié est purement chirographaire, celui-ci répondra toujours avec succès que cette fraction est déterminée par sa renonciation elle-même.

La renonciation du créancier au profit des ayants cause du débiteur produit des effets différents, suivant qu'il s'agit d'une renonciation translative ou d'une renonciation extinctive. Pour le moment nous laissons ces effets de côté pour les étudier spécialement lorsque nous nous occuperons des événements qui font perdre le rang.

II. — L'hypothèque s'éteint indépendamment de l'obligation principale : 2° Par l'accomplissement des formalités et conditions prescrites aux tiers détenteurs pour purger les biens par eux acquis (art. 2180 3° Cod. civ.). Cela ne doit pas être pris à la lettre. L'idée de purge dans son acception la plus générale en renferme deux autres : celle de certaines circonstances qui font encourir déchéance au créancier ; celle d'une certaine procédure à suivre par les tiers acquéreurs pour mettre le créancier en demeure d'accepter le prix de leur acquisition ou de surenchérir.

Le premier point de vue se présente : quand le créancier perd le droit de s'inscrire, quand le conservateur omet les inscriptions existantes dans le certificat qui lui est demandé par le tiers acquéreur, enfin quand le débiteur subit une expropriation pour cause d'utilité publique. Nous n'avons pas pour le moment à nous occuper de la perte du droit de s'inscrire.

En ce qui touche l'omission des inscriptions existantes dans le certificat délivré par le conservateur, elle fait perdre aux créanciers omis le droit de surenchère, en ce sens non-seulement que le tiers acquéreur n'est pas obligé de leur adresser des notifications à fin de purge, mais en ce sens encore qu'ils ne pourraient pas surenchérir, quand bien même ils auraient en fait connaissance de l'aliénation et qu'ils se trouveraient dans les délais voulus. L'article 2198 est rédigé de telle façon qu'il nous paraît conduire invinciblement à ce résultat. Mais la perte du droit de suite laisse subsister le droit de préférence, de telle sorte qu'à vrai dire il y a là bien plutôt une restriction qu'un anéantissement complet de l'hypothèque, et donne aux intéressés une action en dommages et intérêts contre le conservateur (art. 2198 Cod. civ.). Mais pour que l'immeuble reste, comme dit la loi, affranchi des priviléges et des hypothèques entre les mains du tiers acquéreur, il faut que le certificat ait été requis à une époque où les créanciers ne peuvent plus s'inscrire, ce qui avait lieu sous l'empire de la loi de brumaire après la transcription ; sous l'empire du Code, après le contrat translatif de propriété (art. 2166 Cod. civ.) ; sous l'empire du Code de procédure (art. 834 Cod proc.), après l'expiration du délai de quinzaine qui suivait la transcription ; et ce qui a lieu sous la loi du 23 mars 1855 après la transcription, sauf le privilége du vendeur et celui du copartageant, lesquels peuvent être inscrits après la transcription de l'acte d'aliénation, pourvu que ce soit dans les quarante-cinq jours à compter de la vente ou du partage. Il est clair que si le tiers acquéreur requiert du conservateur des hypothèques le certificat d'inscriptions avant la transcription, les créanciers qui s'inscrivent avant ladite transcription, et depuis la délivrance du certificat, conservent leur droit de surenchère. La même observation s'applique de toute évidence au privilége du vendeur et au privilége du copartageant inscrits depuis la transcription et la délivrance du certificat, mais avant l'expiration des quarante-cinq jours depuis la vente ou le partage.

À l'égard de l'expropriation pour cause d'utilité publique, la cession à l'amiable (loi du 3 mai 1841, art. 13), ou le jugement prononçant l'expropriation des terrains désignés dans le deuxième arrêté du préfet (loi du 3 mai 1841, art. 14 et 12), affranchit l'immeuble de tous priviléges ou hypothèques. Mais au point de vue du droit de surenchère seulement, sauf la faculté pour les créanciers, en cas de cession à l'amiable, de demander la fixation de l'indemnité par le jury, les charges qui grevaient le fond se reportant sur ladite indemnité (loi du 3 mai 1841, art. 17 et 18) ; de telle façon qu'ici encore l'extinction du droit de suite laisse subsister le droit de préférence.

Arrivons à la purge proprement dite, celle qui se réalise par une procédure destinée à mettre les créanciers en demeure d'accepter soit le prix d'acquisition, soit l'évaluation de l'immeuble, ou de surenchérir. C'est à propos de celle-là que les rédacteurs du Code ne s'expriment pas exactement, lorsqu'ils disent qu'elle éteint les priviléges et les hypothèques. Elle a simplement pour résultat de fixer d'une manière définitive la somme que les créanciers privilégiés ou hypothécaires auront à se distribuer. Mais le privilége ou l'hypothèque n'est pas anéantie pour cela, et le tiers acquéreur ne peut affranchir l'immeuble que par le payement ou par la consignation.

Quant aux événements qui viennent fixer d'une manière définitive la somme sur laquelle s'exercera le droit hypothécaire, ils varient suivant que les créanciers s'abstiennent de surenchérir ou surenchérissent au contraire. Le premier cas se présente lorsque les offres faites par l'acquéreur sont acceptées, ou que les créanciers ont gardé le silence pendant quarante jours à partir des notifications à fin de purge. Et il faut mettre sur la même ligne l'hypothèse où la surenchère qui aurait été faite serait frappée de nullité. C'est cette acceptation expresse ou tacite, volontaire ou forcée, qui détermine définitivement la somme à partager suivant l'ordre des priviléges et des hypothèques.

Il reste maintenant à l'acquéreur à se libérer et à libérer en même temps l'immeuble. Il le fait en payant le prix d'acquisition ou l'évaluation de l'immeuble aux créanciers qui sont en ordre utile pour recevoir, à supposer qu'il y ait accord entre eux. S'ils ne s'accordent pas, il opère la consignation sans offres réelles préalables, sauf à les faire valider, soit par ordonnance du juge-commissaire, soit, au cas de contestation, par le tribunal à l'effet d'obtenir ultérieurement la radiation des inscriptions existantes (art. 777 nouveau du C. pr.).

Lorsque les créanciers exercent la surenchère du dixième (art 2185 *), c'est l'adjudication prononcée au profit soit de l'acquéreur, soit d'un tiers, qui fixe définitivement la somme sur laquelle s'établiront ces collocations. Il n'y a plus désormais de surenchère possible (art. 838 nouv. C. pr.) lors même qu'il y aurait une revente sur folle enchère. Cette revente n'anéantit pas en effet la première adjudication, puisque le fol enchérisseur est tenu, même par corps, de toute la différence qui peut exister entre le prix de l'adjudication et celui de la vente sur folle enchère (art. 740 C. pr.).

Mais il faut encore répéter ici que l'immeuble ne sera purgé des priviléges et des hypothèques que par le payement effectué entre les mains des créanciers en ordre utile pour le recevoir s'ils sont d'accord; et, dans le cas contraire, par une consignation non précédée d'offres réelles, à la charge par l'adjudicataire d'obtenir du juge-commissaire ou du tribunal, suivant les circonstances, une ordonnance ou un jugement de validité pour faire radier les inscriptions (art. 777 nouv. C. pr.).

Ainsi, au lieu de dire que les priviléges et les hypothèques s'éteignent par l'accomplissement des formalités de la purge, le législateur aurait dit plus exactement que l'extinction se produit à la suite de la procédure de la purge, par le payement ou par la consignation, de telle sorte que nous retrouvons ici l'idée de payement, soit volontaire, soit forcé, appliquée à l'extinction des priviléges et des hypothèques, bien que l'obligation subsiste. La dette, en effet, ne disparaît évidemment que dans les limites de la somme payée ou consignée par l'acquéreur, laquelle peut être insuffisante pour l'acquitter intégralement.

Jusqu'à présent nous avons raisonné dans l'hypothèse d'une aliénation volontaire, soit qu'elle ait été effectuée à l'amiable, soit qu'elle l'ait été avec les formalités de la justice. Ce sont, en effet, les aliénations de cette nature qui seules donnent lieu à l'accomplissement des formalités de la purge. Lorsqu'il s'agit d'une aliénation sur saisie, le jugement d'adjudication dûment transcrit purge par lui-même les priviléges et les hypothèques (art. 717 nouv. C. pr.), en ce sens qu'il contient fixation définitive du prix que les créanciers hypothécaires ou privilégiés auront à se distribuer, et sauf la surenchère du sixième, ouverte dans la huitaine à toute personne (art. 708 C. pr.), surenchère qui, du reste, n'est plus admise après la revente sur folle enchère. Mais l'immeuble ne sera toujours irrévocablement affranchi qu'à la suite d'un payement, ou par une consignation sans offres réelles nécessaires. Seulement, pour obtenir la radiation des inscriptions, l'adjudicataire sera obligé de représenter au conservateur une ordonnance ou un jugement de validité rendu par le juge-commissaire ou par le tribunal, suivant les cas (art. 777 nouv. C. pr.).

Au surplus, tout ce qui précède ne se réfère qu'aux hypothèques soumises à la nécessité d'une inscription, ou bien à celles qui sont dispensées d'inscription, mais qui, en fait, ont été inscrites. Quand elles ne l'ont pas été, il y a lieu de se demander jusqu'à quelle époque elles peuvent l'être ; mais ceci rentre dans la perte du droit de s'inscrire dont nous n'avons pas actuellement à nous occuper.

III. — Les priviléges et les hypothèques s'éteignent indépendamment de l'obligation 3° par la prescription (art. 2180 1°, 2° phrase). Lorsque nous nous sommes occupés de l'extinction des priviléges et des hypothèques considérée comme conséquence de la prescription de la dette, nous avons supposé, avec le législateur, que l'immeuble grevé était resté entre les mains du débiteur. Nous allons maintenant supposer, toujours avec la loi elle-même, que l'immeuble dont il s'agit est entre les mains d'un tiers détenteur ; et nous entendons par tiers détenteur soit un usurpateur, soit celui qui s'est mis en possession en vertu d'un titre émané soit *a domino*, soit *a non domino*. Mais nous ne donnons pas le même nom, au point de vue des règles dont nous allons nous occuper, au tiers qui constitue une hypothèque sur son immeuble pour sûreté de la dette d'autrui. Ce-

[cachet de bibliothèque]

7

lui-là n'est qu'une caution, caution réelle, il est vrai, et à ce titre ne pouvant être poursuivie qu'hypothécairement sur l'immeuble hypothéqué ; mais caution ne pouvant être libérée, comme le serait une caution personnelle, qu'accessoirement et en même temps que le débiteur principal.

La prescription de l'hypothèque qui s'accomplit au profit d'un tiers détenteur, à la différence de celle qui s'accomplit au profit du débiteur lui-même, est une prescription acquisitive. C'est avec juste raison que les annotateurs de Zachariæ l'ont appelée usucapion de la franchise du fonds. Et de cette idée fondamentale il résulte que la prescription dont il s'agit a pour condition essentielle la possession prolongée pendant le temps voulu et avec les qualités requises par l'article 2229 du Code civil.

Le temps que doit durer cette possession varie suivant les cas.

S'agit-il d'un tiers usurpateur, il ne prescrira que par trente ans à partir de son entrée en possession.

S'agit-il d'un tiers qui possède un immeuble en vertu d'un titre, il peut se faire tout d'abord que ce titre émane *a domino*. Dans cette hypothèse, il faut voir quelle est la durée du délai en elle-même, ensuite quel en est le point de départ. Quant au délai, il faut distinguer si l'acquéreur est de mauvaise ou de bonne foi. S'il est de mauvaise foi, il se trouvera dans les mêmes conditions que l'usurpateur et ne prescrira que par trente ans. S'il est de bonne foi, il prescrira par dix ou vingt ans, suivant que le créancier hypothécaire habitera ou non le ressort de la Cour dans lequel l'immeuble se trouve situé (art. 2265 C. civ.). Mais quand il s'est agi de savoir dans quelle limite devait s'appliquer cette distinction entre la bonne et la mauvaise foi, des divergences se sont produites parmi les auteurs. Il y en a qui ont dit que la connaissance par l'acquéreur des charges hypothécaires qui grèvent le fonds ne le constituaient pas en état de mauvaise foi ; à moins qu'elles ne lui aient été expressément déclarées dans le contrat même d'aliénation. Hors ce cas, a-t-on dit, le tiers acquéreur a pu espérer que le débiteur acquitterait l'obligation et dégrèverait ainsi le fonds. Suivant cette opinion, la prescription de l'hypothèque s'accomplirait presque toujours par dix ou vingt ans, et l'on argumente en ce sens de ce que l'article 2180 " garde le silence sur la condition de bonne foi et ne parle que de celle du titre. Nous repoussons cette théorie comme contraire aux principes de l'ancien droit. Pour savoir si le tiers acquéreur pouvait prescrire par dix ou vingt ans, ou seulement par trente ans, nos anciens auteurs s'accordaient unanimement à rechercher s'il ignorait ou s'il connaissait les hypothèques. De ce que dans l'article 2180 " il n'est pas expressément question de la condition de bonne foi, on ne peut légitimement conclure que les rédacteurs du Code se soient sur ce point écartés de l'ancienne doctrine. Le titre dont ils ont parlé n'est autre chose que ce titre dont il est question dans l'article 550 et dont l'acquéreur ignore les vices, ignorance qui, dans l'espèce, consiste à ne pas connaître les charges hypothécaires, de telle façon, que la condition de bonne foi se trouve sinon explicitement, du moins implicitement dans l'article 2180 " combiné avec l'article 550.

Mais après avoir répudié l'opinion qui précède, il faut se garder de tomber dans une exagération en sens contraire, et de décider que la condition de bonne foi recevra son application lors seulement qu'il s'agira d'hypothèques occultes, telles que l'hypothèque légale de la femme, du mineur ou de l'interdit, laquelle aurait été ignorée de l'acquéreur; et que l'inscription des autres doit suffire à elle seule pour constituer le tiers en état de mauvaise foi. D'abord l'hypothèque peut avoir été éteinte quoique l'inscription ait été maintenue; si donc l'acquéreur a cru à l'extinction de l'hypothèque, malgré le maintien de l'inscription, il devra être considéré comme étant de bonne foi. Ensuite il peut avoir acheté l'immeuble *a non domino* et avoir requis un certificat d'inscription du chef de son vendeur, cas auquel il aura évidemment ignoré les inscriptions prises du chef du véritable propriétaire. Il y a là des questions de fait complétement abandonnées à l'appréciation des tribunaux.

Fixons maintenant le point de départ du délai nécessaire à l'accomplissement de la prescription. S'il s'agit d'une prescription trentennaire, les trente ans commenceront à courir dès l'entrée en possession. S'il s'agit d'une prescription décennale ou vicésimale, les dix ou les vingt ans ne courront que du jour où la transcription aura été faite (art. 2180 '' Cod. civ.). Ainsi, tandis que, relativement à la propriété, la prescription de dix ou de vingt ans a pour point de départ l'entrée en possession, en ce qui touche l'hypothèque elle a pour point de départ la transcription du titre. Suivant l'opinion générale, cette différence s'explique par cette considération, que le propriétaire est suffisamment averti par le fait même de sa dépossession, tandis qu'un signe public doit avertir le créancier hypothécaire de l'aliénation consentie par le débiteur. Ce point de vue ne nous paraît pas exact; la possession d'un immeuble, quand elle s'exerce dans certaines conditions, ne se manifeste pas elle-même, abstraction faite de toute autre publicité. Dans l'ancien droit, on exigeait bien aussi que la possession fût publique pour conduire à la prescription de l'hypothèque par dix ou vingt ans, et cependant l'on n'avait en aucune façon songé à organiser un mode spécial, à l'aide duquel cette publicité serait portée à la connaissance du créancier. Dans notre droit actuel, la possession est revêtue d'un caractère suffisant de publicité lorsque celui qui l'exerce possède au vu et au su de tout le monde, quand bien même les actes qu'il accomplit seraient ignorés en fait du véritable intéressé; et d'un autre côté lorsque ces actes sont connus du véritable intéressé, quand bien même ils seraient ignorés du public (argument de l'art. 555 *in fine*). Dans ces conditions, il n'y a pas lieu de distinguer entre la prescription à l'effet d'acquérir la propriété et la prescription à l'effet d'usucaper la liberté du fonds. Le possesseur se comporte-t-il en véritable propriétaire vis-à-vis de tout le monde, le créancier hypothécaire n'est-il pas en faute d'avoir ignoré ce que tout le monde sait? Et, d'autre part, s'il connaît la possession d'un autre que le débiteur, a-t-il à se plaindre lorsqu'il n'a pas pris les mesures nécessaires pour interrompre la prescription de son droit? La nécessité d'une mesure de publicité telle que la transcription nous paraît avoir été proclamée par l'article 2180 [*], comme une conséquence des principes posés par la loi du 11 brumaire an VII, sur la translation de la propriété à l'égard des tiers, et primitivement reproduits par les rédacteurs du Code. Dès le moment que l'acquéreur ne peut devenir propriétaire à l'égard des ayants cause de l'aliénateur que par la transcription, il était tout naturel qu'il ne pût pas commencer à prescrire contre les créanciers hypothécaires, qui sont des tiers avant d'avoir fait transcrire. Si le législateur s'était proposé le but dont on parle dans l'opinion généralement adoptée, il y aurait évidemment un cas dans lequel la transcription serait complétement inutile pour avertir les créanciers de la possession exercée par autrui; c'est celui où le fonds aurait été vendu et livré *a non domino*. Dans cette hypothèse, en effet, les créanciers demandant au conservateur un certificat de transcription du chef du véritable propriétaire avec lequel ils ont traité, obtiendraient nécessairement un certificat négatif et seraient forcément trompés.

Quoi qu'il en soit, arrivons au cas où le tiers a traité avec un non-propriétaire; alors il a deux choses à prescrire : la propriété et l'hypothèque. Ces deux prescriptions sont complétement indépendantes l'une de l'autre et ne s'accomplissent pas nécessairement en même temps. Ainsi le propriétaire peut habiter hors du ressort de la Cour dans lequel l'immeuble se trouve situé et le créancier hypothécaire dans ledit ressort; il peut exister en la personne du propriétaire des causes de suspension qui n'existent pas en celle du créancier hypothécaire; le propriétaire peut se livrer à des actes d'interruption et le créancier rester inactif. Enfin le tiers peut faire transcrire longtemps après qu'il est entré en possession, cas auquel, d'après ce qui précède, la prescription de la propriété s'accomplit bien longtemps avant celle de l'hypothèque.

L'indépendance des deux prescriptions amène, comme on voit, à cette conséquence, que l'affranchissement du fonds sera prescrit par celui qui n'est pas propriétaire. Mais il n'y a là rien de choquant, car de deux choses l'une : ou le véritable propriétaire se présentera pour revendiquer et obtiendra gain de cause, et alors le créancier pourra exercer son hypothèque à son encontre ; ou bien il ne se présentera pas, et alors le tiers pourra exciper de la prescription, à moins que les créanciers du véritable propriétaire n'intentent du chef de leur débiteur, en vertu de l'art. 1166, la revendication et ne fassent ainsi rentrer le fonds entre les mains de ce dernier.

Le délai pour l'accomplissement de la prescription acquisitive de l'hypothèque peut être prolongé au moyen des interruptions et des suspensions ordinaires. L'art. 2180 ", paragraphe dernier, prend la peine d'observer que les inscriptions prises par les créanciers n'interrompent pas le cours de la prescription établie par la loi en faveur du débiteur ou du tiers détenteur. La raison de douter pouvait se tirer de ce que, la prescription étant fondée sur l'idée d'une renonciation, celui-là ne paraît pas renoncer à son droit qui, prend au contraire les précautions nécessaires pour l'exercer. Mais la raison de décider se trouve dans l'article 2244, suivant lequel l'interruption ne peut résulter d'actes émanés du créancier que quand ces actes se produisent sous une certaine forme, et quand surtout ils sont adressés à la personne même de celui qu'on veut empêcher de prescrire. Or l'inscription est faite à l'insu soit du débiteur, soit du possesseur, et ne leur est pas notifiée.

La prescription acquisitive de l'hypothèque peut être interrompue par deux modes spéciaux qui sont, la sommation et la reconnaissance, soit volontaire, soit forcée, de l'hypothèque.

En thèse générale, une simple sommation ne suffit pas pour interrompre la prescription ; mais la sommation de délaisser, si mieux il n'aime payer, adressée au tiers détenteur d'un immeuble hypothéqué en exécution de l'article 2169, fait exception à cette règle, parce qu'elle remplace à l'égard du tiers détenteur, le commandement ui ne peut être adressé qu'au débiteur originaire.

Quant à la reconnaissance volontaire ou forcée de l'hypothèque, il faut supposer que l'immeuble qui se trouve entre les mains du tiers détenteur est hypothéqué à la sûreté d'une dette conditionnelle ou à terme. Cette condition ou ce terme, qui suspendrait une prescription libératoire (art. 2257, C. civ.) ne suspend pas la prescription acquisitive de l'hypothèque, pas plus que toute autre prescription acquisitive. La seule ressource qui reste au créancier, c'est d'obtenir du tiers détenteur une reconnaissance volontaire de l'hypothèque, et, à défaut, de l'assigner en déclaration d'hypothèque (art. 2173, C. civ.).

La reconnaissance volontaire de l'hypothèque et l'effet interruptif qui s'y trouve attaché résulterait aussi des notifications à fin de purge que le tiers détenteur adresserait aux créanciers en exécution de l'article 2183.

SECTION DEUXIÈME.

Des modes principaux d'extinction des priviléges ou hypothèques qui ne sont pas indiqués dans l'article 2180.

Ils nous paraissent se réduire aux suivants : confusion, par la réunion en la même personne des deux qualités incompatibles de créancier hypothécaire et de propriétaire de l'immeuble hypothéqué ; perte de la chose grevée du privilége ou de l'hypothèque ; résolution de la propriété de l'immeuble entre les mains de la personne du chef de laquelle existent les priviléges ou les hypothèques ; prescription instantanée ; et enfin, dans certains cas, faillite du débiteur.

I. — Confusion.

Lorsque la qualité de créancier hypothécaire ou privilégié vient à se réunir sur la même tête à la qualité de propriétaire, il se produit en droit un phénomène qui porte le nom de confusion. Même nous avons déjà eu l'occasion d'observer qu'il y a là une paralysie du droit hypothécaire bien plus qu'une extinction proprement dite ; et de ce point de vue il résulte que l'hypothèque ou le privilége pourra être mis en exercice dans le cas où la confusion cessera.

Les applications que l'on rencontre dans le droit de cette dernière idée sont les suivantes :

Le tiers acquéreur de l'immeuble hypothéqué, qui emploie le prix de son acquisition à désintéresser les créanciers qui occupent le premier rang, est subrogé à leur privilége ou à leur hypothèque, et réunit en sa personne les deux qualités de créancier hypothécaire ou privilégié, et celle de propriétaire. Mais si les créanciers postérieurs lui font subir une expropriation, la confusion venant à cesser *ex causa antiqua et necessaria*, elle sera considérée comme n'ayant jamais eu lieu, et l'hypothèque soit simple, soit privilégiée, aura été maintenue au profit de ce tiers (art. 1251 *n* C. civ.).

De même voilà un créancier qui se porte acquéreur d'un immeuble grevé à son profit de privilége ou d'hypothèque, et qui en opère le délaissement ; les droits réels dont il était investi sont ressuscités rétroactivement à son profit (art. 2177 C. Civ.).

La règle recevrait encore son application dans d'autres cas que la loi n'exprime pas; dans celui, par exemple, où un héritier créancier hypothécaire ou privilégié du défunt serait écarté de sa succession pour cause d'indignité, ou bien lorsque l'exercice de la faculté de rachat ou la réalisation de la condition dans toute autre condition résolutoire viendrait enlever à l'acquéreur la propriété de l'immeuble sur lequel il avait auparavant des priviléges ou des hypothèques qui revivront efficacement à son profit, alors que la confusion s'évanouira.

II. — PERTE DE LA CHOSE GREVÉE DU PRIVILÉGE OU DE L'HYPOTHÈQUE.

Plusieurs cas se produisent : la chose périt en totalité, et il n'en reste absolument rien ; elle est remplacée dans le patrimoine du débiteur par une valeur en argent. Enfin elle est simplement transformée.

Première hypothèse. — La chose périt en totalité et il n'en reste absolument rien. — Ce cas ne nécessite pas d'observation

spéciale, si ce n'est qu'il faut mettre sur la même ligne l'extinction de l'usufruit. L'hypothèque constituée sur un droit d'usufruit s'éteint en même temps que lui (arg. 2118 *), à moins
pourtant qu'il soit anéanti par un fait de l'usufruitier, auquel
cas l'hypothèque subsiste pour tout le temps qu'aurait duré l'u-
sufruit sans le fait dont il est question. Il va de soi que l'usufruitier ne peut, par sa volonté, porter atteinte aux droits qu'il
a lui-même constitués.

Deuxième hypothèse. — *A la place de la chose anéantie, le
débiteur a dans son patrimoine une valeur en argent.* La
question se présente alors de savoir si les priviléges et les hypothèques se reportent sur cette valeur. L'affirmative n'est pas
douteuse quand il s'agit d'un immeuble mis hors du commerce
par suite d'une expropriation pour cause d'utilité publique.
L'indemnité est alors subrogée à l'immeuble. Mais on ne saurait
étendre la même solution à la somme due par l'assureur à
l'assuré. Cette somme n'est pas représentative de la chose qui a
péri, mais de la prime payée par l'assuré jusqu'à ce jour. — A
ce point de vue, le système de la commission instituée par le
gouvernement pour examiner les derniers projets de réforme
hypothécaire, système qui consistait à placer l'assureur sur la
même ligne que le tiers acquéreur d'un immeuble hypothéqué, et
l'indemnité sur la même ligne qu'un prix ordinaire d'acquisition, de telle façon qu'elle devait dans tous les cas possibles
être distribuée par la voie hypothécaire, avait été combattu par
le Conseil d'État, adopté lors d'une première lecture par l'Assemblée législative, sur la proposition de la commission, et
enfin rejeté à la dernière délibération. — L'Assemblée, entrant
dans les vues du Conseil d'État, avait décidé que l'indemnité due
par l'assureur pourrait être consacrée par l'assuré avec l'autorisation du juge de paix, et les créanciers opposants dûment
appelés, à la reconstruction, à la réparation ou au remplacement des objets; que le payement des dépenses faites dans
ce but serait effectué par l'assuré sur le vu des pièces jus-
tificatives; et qu'à défaut d'un pareil emploi l'indemnité serait

partie du gage hypothécaire (art. 2094 du projet). Quoi qu'il en soit, ce n'est pas au jurisconsulte à combler de semblables lacunes. — De même, le droit de présentation étant anéanti entre les mains du nouveau titulaire d'un office, par suite d'une destitution, nous n'admettrions pas le titulaire primitif à venir exercer son privilége sur l'indemnité attribuée à l'officier ministériel destitué, quand bien même nous reconnaîtrions, avec une jurisprudence aujourd'hui à peu près constante, que le titulaire primitif a un privilége sur le prix de la revente consentie par son successeur. — L'indemnité dont il s'agit n'est pas un prix de vente, et il n'y a que le prix d'*effets mobiliers non payés* qui soit privilégié (art. 2102 "). Mais la même jurisprudence étant donnée, nous admettrions le privilége au cas de démission forcée, cette démission n'enlevant pas au titulaire le droit de présentation.

Troisième hypothèse. — *La chose est transformée.* — Pour tirer les conséquences de cette transformation, il faut distinguer s'il s'agit d'un meuble ou d'un immeuble.

Supposons en premier lieu qu'il s'agisse d'un meuble. — L'influence de sa transformation ne peut se faire sentir que sur le privilége, les meubles ne pouvant pas être hypothéqués (art. 2119). Nous prendrons donc pour type le privilége du vendeur (art. 2102 "), car c'est à propos de celui-là qu'ont été soulevées les difficultés.

La transformation des meubles peut résulter d'un changement d'état ou d'une immobilisation.

Lorsque le meuble a changé d'état on s'est demandé si le privilége subsistait. Il y a des auteurs qui ont distingué s'il pouvait ou non reprendre son ancienne forme, déclarant le privilége maintenu dans le premier cas, anéanti dans le second. Il y en a d'autres qui, argumentant par analogie des art. 570 et 571 du Code civil, se prononcent pour la conservation du privilége lorsque la valeur donnée au meuble par la spécification est inférieure à la valeur de la matière; et pour son anéantissement, lors, au contraire, que la valeur du travail l'emporte sur celle de la matière. Nous repous·op: l'une et l'autre de ces deux solutions. La première transporte dans notre droit français la théorie consacrée par Justinien en matière de spécification, et cette doctrine se trouve formellement repoussée par l'article 570 C. Civ. — La deuxième établit une analogie entre deux hypothèses complétement différentes; quand un spécificateur donne à la matière d'autrui une forme nouvelle et que la plus-value résultant du travail est supérieure à celle de la matière, l'art. 571 prononce bien l'expropriation de la matière au profit du spécificateur, mais au moins il indemnise le propriétaire. Si, dans la même hypothèse, le privilége du vendeur est éteint, il l'est sans indemnité, ce qui est souverainement injuste : il vaut mieux dire que le privilége est respecté par la transformation qu'a subie le meuble, pourvu, bien entendu, qu'elle ne l'ait pas rendu méconnaissable.

En ce qui touche l'immobilisation, il faut distinguer l'immobilisation par nature et l'immobilisation par destination.

L'immobilisation par nature anéantit le privilége. Mais l'immobilisation par destination n'y porte aucune atteinte. Il résulte, en effet, de la combinaison des art. 592 et 593 C. pr. que les immeubles par destination peuvent être saisis mobilièrement par celui qui les a vendus au saisi. Au regard du vendeur, ils ont donc conservé leur nature de meuble; cela ne saurait faire difficulté lorsque le vendeur ne se trouve qu'en présence de l'acheteur ou de ses créanciers purement chirographaires. Mais nous pensons qu'il faut encore aller plus loin, et décider que le privilége peut s'exercer à l'encontre des créanciers hypothécaires, soit antérieurs, soit postérieurs à l'immobilisation, quand bien même ils seraient de bonne foi. L'art. 593 C. pr. conserve à l'objet vendu son caractère mobilier vis-à-vis du vendeur, sans aucune espèce de distinction. Il est bien vrai que, suivant l'art. 2118 '', l'hypothèque s'étend aux accessoires réputés immeubles, et que suivant l'art. 2133 elle porte sur les améliorations survenues à l'immeuble; mais l'immobilisation n'a lieu qu'à l'égard des ayants cause de l'acheteur et nullement à l'égard du vendeur. Quant à la considération tirée de la bonne foi, elle serait péremptoire si l'on pouvait appliquer la maxime : *En fait de meubles possession vaut titre*. Mais cela est impossible, puisque précisément les créanciers hypothécaires dont il s'agit ne possèdent pas.

Passons maintenant à la transformation des immeubles : lorsque des immeubles passent à l'état de meubles, cette transformation peut s'opérer par cas fortuit ou par le fait du débiteur. Dans le premier cas, l'hypothèque est éteinte. Ainsi les matériaux d'une maison écroulée sont affranchis de l'hypothèque, qui ne porte désormais que sur le sol, sauf à revivre sur la maison si celle-ci est reconstruite, et sauf aussi le droit pour le créancier d'exiger son remboursement immédiat, si le gage hypothécaire est devenu insuffisant, et que le débiteur ne soit pas disposé à fournir un supplément d'hypothèque sur les immeubles présents (art. 2131). — Dans le second cas, il faut distinguer : le fait par lequel le débiteur a opéré la transformation, est-il un acte d'administration, les créanciers n'ont rien à dire, la constitution d'hypothèque n'ayant pas enlevé au propriétaire la faculté d'administrer sa chose. — Ainsi les fruits détachés du sol par la récolte cessent d'être hypothéqués, comme ils l'étaient auparavant avec le fonds, dont ils étaient une partie intégrante. Et il en serait de même s'ils avaient été vendus sur pied, la vente d'une récolte encore pendante étant un acte d'administration qui a dû entrer dans les prévisions du créancier hypothécaire.

Toutefois, les fruits détachés du sol après la transcription de la saisie pratiquée sur la tête du débiteur, ou depuis la sommation de délaisser adressée à l'acquéreur volontaire d'un immeuble hypothéqué (art. 682, 685, C. pr. et 2176, C. civ.), sont immobilisés en vertu d'une fiction de droit, et continuent à faire partie du gage hypothécaire.

Le fait reproché au débiteur dépasse-t-il toutes les bornes des actes d'administration, non-seulement les créanciers hypothécaires peuvent s'opposer à son exécution, et, par exemple, à la démolition de la maison, à la coupe de la futaie non mise en coupes réglées, à l'enlèvement par l'acquéreur des immeubles par destination qui ont été vendus ; mais encore, lorsque ce fait est accompli, ils peuvent exiger le rétablissement de l'état de choses antérieur aux frais de ceux qui ont commis les détournements illicites, et y procéder eux-mêmes après avoir saisi les objets détournés, ces choses auraient-elles été frappées de saisie-exécution. Tous ces droits, que nous leur reconnaissons, ne s'arrêtent que dans le cas où ils seraient exercés à l'encontre d'un tiers qui pourrait invoquer la maxime : *En fait de meubles possession vaut titre* (art. 2279).

III. — DE LA CONDITION RÉSOLUTOIRE.

Celui qui a sur un immeuble un droit de propriété résoluble où rescindable ne peut que constituer des hypothèques soumises à la même résolution ou à la même rescision. Lors donc que cette résolution ou rescision se réalise, l'hypothèque s'évanouit (art. 2125). Ici encore, pas plus qu'en matière de confusion, il ne se produit une extinction véritable, mais bien plutôt un événement qui vient déclarer que l'hypothèque n'a jamais existé. Néanmoins il faut en traiter, parce que l'article 1234 énumère, à tort il est vrai, mais enfin énumère la condition résolutoire parmi les modes d'extinction des obligations, et que notre devoir est de rechercher jusqu'à quel point cette disposition s'adapte à l'extinction de l'hypothèque considérée isolément.

Le principe qui rattache la résolution ou la rescision de l'hypothèque à la résolution ou à la rescision du droit de propriété, conduit aux applications suivantes :

Le rapport en nature de l'immeuble donné résout les hypothèques qui grèvent le fonds du chef du donataire, mais elles revivent par suite du partage, lorsque l'immeuble donné tombe au lot de ce successible. Aussi les créanciers ayant hypothèque peuvent-ils intervenir au partage, pour s'opposer à ce que le rapport se fasse en fraude de leurs droits (art. 865). L'aliénation totale, à la différence de la simple constitution d'hypothèque, est respectée par le rapport qui s'effectue en moins prenant (art. 860). La raison en est que le *De cujus* ne doit pas être présumé avoir voulu frapper l'immeuble d'indisponibilité entre les mains de son héritier présomptif, et entraver ainsi la libre circulation des biens.

Les immeubles recouvrés par l'effet de la réduction le sont sans charge d'hypothèques créées par le donataire (art. 929). En matière de réduction, comme en matière de rapport, l'aliénation totale n'est pas mise sur la même ligne que l'hypothèque. Elle en diffère encore, mais à un autre point de vue. Ainsi, les tiers acquéreurs peuvent renvoyer les héritiers réservataires ou leurs ayants cause à discuter les biens du donataire (art. 930); tandis que les créanciers hypothécaires sont privés de ce bénéfice de discussion. En ce qui touche l'aliénation totale, il y avait lieu de concilier l'intérêt de la réserve avec la stabilité de la propriété, et cette nécessité ne se présentait pas en matière d'hypothèque.

Nul des cohéritiers ne peut pendant l'indivision créer des hypothèques sur les immeubles de la succession pour le cas où ces immeubles grevés ne tomberaient pas dans son lot. Cela tient à l'effet déclaratif du partage (art. 883), effet qui est le même que celui d'une condition résolutoire.

La révocation de la donation pour cause d'inexécution des conditions ou pour survenance d'enfant entraîne révocation des hypothèques du chef du donataire (art. 954 et 963).

La résolution de la vente par suite de l'exercice de la faculté de rachat, fait rentrer l'immeuble dans le patrimoine du vendeur, exempt de toutes les hypothèques dont l'acquéreur l'aurait grevé (art. 1673 *).

Il y a des cas dans lesquels la condition résolutoire affecte l'hypothèque principalement : ainsi, lorsqu'une constitution d'hypothèque est frappée de nullité relative, elle est valable sous la condition résolutoire de l'action en nullité ou en rescision. Cette condition s'évanouit à jamais si, après que la cause de nullité a cessé, le constituant aliène l'immeuble au profit d'une autre personne. L'acquéreur devient alors cessionnaire de l'action en nullité, et la ratification ultérieure de l'hypothèque par l'aliénation ne saurait lui être opposée (art. 1338, *in fine*, combiné avec l'art. 2125). Nous supposons une ratification expresse; la ratification légale, celle qui résulte de l'expiration d'un certain laps de temps (art. 1304), devrait être traitée différemment. L'action en nullité n'a été cédée que sous les conditions sans lesquelles le titulaire primitif n'aurait pas pu l'exercer, c'est-à-dire, à la charge par le cessionnaire de la faire valoir, sous peine de déchéance dans le temps voulu. Mais la ratification de l'hypothèque entachée de nullité serait encore possible si, au lieu d'aliéner l'immeuble, le constituant avait, à une époque postérieure, créé au profit d'un tiers une deuxième hypothèque valable. Comme il n'y a pas incompatibilité d'existence entre deux hypothèques, le deuxième créancier ne devrait pas être considéré comme cessionnaire de l'action en nullité, à moins pourtant que la valeur de l'immeuble ne fût en totalité absorbée par la première hypothèque.

Après les applications de la règle posée par l'article 2125, il faut voir les exceptions.

Et d'abord, toutes les fois que la résolution est prononcée contre le propriétaire à titre de peine, elle respecte les hypothèques créées par lui. C'est ainsi que la rescision de la saisine héréditaire pour cause d'indignité laisse subsister les hypothèques qui sont nées sur les immeubles de la succession du chef de l'indigne. Ainsi encore la révocation d'une donation pour cause d'ingratitude n'atteint pas les créanciers auxquels le donataire a consenti des hypothèques, pourvu que ce soit antérieurement à l'inscription qui aurait été faite de l'extrait de la demande en révocation, en marge de la transcription. (art. 958 C. civ.)

Une deuxième exception se produit, dans certains cas, en vertu de la volonté, soit expresse, soit tacite de l'aliénateur, sous condition résolutoire. On rencontre dans le Code deux applications remarquables de cette idée : Lorsqu'un immeuble est donné par contrat de mariage à un futur mari sous la clause de retour, malgré la réalisation ultérieure de la condition, l'immeuble reste grevé entre les mains du donateur de l'hypothèque légale de la femme du donataire, si les autres biens du mari ne suffisent pas pour la remplir de sa dot et de ses conventions matrimoniales (art. 952 C. civ.). C'est là une disposition purement interprétative de volonté, aussi le donateur pourrait-il, par une clause expresse, stipuler que l'immeuble lui fera retour affranchi même de l'hypothèque légale ; comme il pourrait en sens inverse renoncer à opposer à la femme le bénéfice de discussion et dire que l'hypothèque légale garantira non-seulement la dot et l'exécution des conventions matrimoniales, mais encore toutes les créances qui pendant le mariage pourraient naître au profit de la femme contre le mari. — En matière de substitution permise, le disposant peut imposer aux droits des appelés une limite consistant en ce qu'ils seront obligés de respecter l'hypothèque légale de la femme du grevé. Mais ici trois restrictions sont à observer : il faut que le disposant ait formellement exprimé sa volonté, que les autres biens du grevé aient été discutés et se soient trouvés insuffisants. Enfin l'hypothèque légale ne pourra être exercée que pour le capital des deniers dotaux, autrement la femme et le mari pourraient, par un concert frauduleux, laisser grossir outre mesure le chiffre des intérêts, de telle façon que les biens frappés de substitution seraient détournés de leur destination et profiteraient à la femme au lieu de profiter aux appelés (art. 1054).

En troisième lieu, dans le cas où la condition résolutoire devait être rendue publique et ne l'a pas été, les tiers qui ont traité avec l'acquéreur n'ont rien à redouter pour leurs hypothèques. Ainsi, quand la donation a été transcrite, mais que la substitution ne l'a pas été, les hypothèques créées par le grevé pourront être opposées aux appelés.

Enfin on discute la question de savoir si la rescision pour cause de dol peut être opposée aux tiers. L'opinion générale se prononce pour la négative, et il faut avouer qu'elle est très-bien fondée sur l'article 1116. Il résulte, en effet, de cette disposition que le dol est revêtu d'un caractère tout personnel, puisqu'il ne peut être opposé au créancier qui n'en a été ni l'auteur ni le complice. Si donc celui qui est devenu acquéreur d'un immeuble par suite de manœuvres frauduleuses pratiquées contre l'aliénateur a constitué des hypothèques sur l'immeuble et que celui-ci demande la nullité du contrat, il ne pourra se prévaloir de cette nullité à l'encontre des créanciers hypothécaires de l'acquéreur.

IV — PRESCRIPTION INSTANTANÉE.

La prescription instantanée n'est autre chose que l'application de la maxime : *En fait de meubles possession vaut titre.* C'est dire assez qu'il ne peut s'agir ici que des priviléges mobiliers. De même que le tiers qui, de bonne foi et en vertu d'un juste titre, possède un meuble, peut repousser la revendication en vertu d'une présomption légale de propriété contre laquelle la preuve contraire n'est pas admise ; de même, et à plus forte raison, peut-il à l'aide de cette présomption paralyser l'exercice du privilége.

La loi fait l'application de cette règle au privilége du vendeur. Il résulte, en effet, de l'article 2102 que dès le moment où le meuble vendu ne se trouve plus en la possession de l'acheteur le privilége est perdu. Cette disposition est un corollaire évident de la maxime formulée en l'article 2270 ; d'où il suit que le détenteur actuel qui réunit les conditions voulues pour invoquer cette maxime, ne peut pas être évincé par le vendeur non payé. Il y a lieu seulement de se demander si le privilége anéanti au point de vue du droit de suite l'est aussi au point de vue du droit de préférence. L'affirmative est généralement admise ; aussi non-seulement le vendeur ne peut plus exercer son privilége à l'encontre du sous-acquéreur, mais encore, à supposer que le prix de revente soit encore dû, il ne peut pas, en pratiquant une saisie-arrêt entre les mains du tiers, venir se faire attribuer un droit de préférence sur ce prix, à l'encontre des autres créanciers de l'acheteur primitif. Cette opinion est fondée sur le texte formel de l'article 2102, suivant lequel le privilége n'a plus d'application, dès que le meuble vendu ne se trouve plus en la possession de l'acheteur. En fait de meubles le privilége ne peut porter, du moins en thèse générale, sur le prix provenant de la revente à l'amiable de l'objet dont il s'agit ; l'intérêt des autres créanciers s'y oppose, la revente du meuble aux enchères publiques étant leur seule garantie.

Ce n'est pas comme dans le cas où il s'agit d'un privilége sur un immeuble ou d'une hypothèque ; le prix fixé par une vente amiable peut servir d'assiette au privilége ou à l'hypothèque, parce que les créanciers ont la faculté de l'accepter comme la représentation véritable de la valeur de l'immeuble ou de surenchérir. En fait de meubles, rien de semblable, et c'est pourquoi nous pensons avec une doctrine presque générale que le privilége du vendeur de meubles se trouve anéanti tant au point de vue du droit de préférence, qu'au point de vue du droit de suite, toutes les fois que le sous-acheteur peut invoquer la maxime : *En fait de meubles possession vaut titre*. Aussi nous garderions-nous de donner la même décision si le meuble avait été revendu mais non encore livré, ou bien s'il avait été revendu et livré à un tiers de mauvaise foi. De même certains auteurs ont fait une fausse application de l'article 2102 [1] lorsqu'ils ont enlevé au vendeur son privilége dans le cas où l'acheteur a donné le meuble en gage à un de ses créanciers qui est de bonne foi. Nous ne prétendons pas dire que le créancier gagiste ne puisse, lui aussi, se prévaloir de la maxime consacrée par l'article 2279, et nous reconnaissons qu'elle peut servir à protéger d'autres droits que celui de propriété ; mais dans l'espèce elle aura pour effet non pas de mettre à néant le privilége du vendeur, mais bien de le faire passer après celui du créancier gagiste. En d'autres termes, il n'y aura pas là une perte du privilége lui-même, mais purement et simplement une perte de rang.

Lorsqu'il s'agira d'un meuble que l'on pourra considérer comme volé ou perdu, la prescription instantanée ne pourra pas plus mettre obstacle au privilége qu'elle n'entraverait le droit de propriété lui-même. Le meuble pourra être frappé entre les mains des tiers même de bonne foi, par une saisie-revendication qui fera rentrer l'objet en question en la puissance du créancier et lui permettra d'exercer son privilége. Le délai pour mettre cette revendication en mouvement sera de trois ans à compter de la perte ou du vol, conformément à la règle générale posée par l'article 2279.°. Cela s'appliquera au créancier gagiste proprement dit qui aura perdu la possession du meuble, ou auquel cette possession aura été enlevée par un vol, ainsi qu'à l'aubergiste en ce qui touche les effets du voyageur apportés dans son auberge et déplacés sans son consentement. Cela s'appliquera aussi au bailleur, mais avec une modification introduite par l'art. 2102°, si le preneur non autorisé par lui à cet effet déplace les objets garnissant la maison ou la ferme; il y a là une espèce de vol de la possession, et les choses déplacées ont contracté par le fait même un vice qui s'oppose à ce que le droit de saisie-revendication accordé au bailleur soit paralysé par la prescription instantanée; seulement le délai de trois ans accordé en thèse générale au revendiquant est réduit ici à celui de quinze jours ou de quarante jours, suivant qu'il s'agit de maisons ou de biens ruraux. Ceci toutefois ne doit être entendu qu'avec un certain tempérament en ce qui touche les fruits engrangés dans la ferme; le bailleur a consenti d'avance à ce que le fermier vendit les récoltes, autrement à l'aide de quelles ressources celui-ci parviendrait-il à payer les fermages? et voilà pourquoi l'article 2102° borne le privilége du bailleur aux fruits de la récolte de l'année, en tant du moins que les fruits des récoltes précédentes ne sont pas engrangés chez le propriétaire et ne peuvent pas être mis au rang des meubles garnissant. Mais même lorsque cette dernière circonstance se présente, les fruits diffèrent des autres meubles en ce que s'ils sont vendus sans fraude par le fermier, non-seulement le bailleur ne peut pas les revendiquer contre l'acheteur, mais même ne peut pas s'opposer à leur enlèvement.

V. — Faillite du débiteur.

L'un des priviléges spéciaux sur les meubles énumérés dans

l'article 2102 ' est éteint par la faillite de l'acheteur; C'est celui du vendeur. L'article 550 du Code de commerce porte, en effet, que le privilége et le droit de revendication établi par le 4° de l'article 2102 du Code civil au profit du vendeur d'effets mobiliers ne seront pas admis en cas de faillite. Il faut combiner, à cet égard, cette disposition avec l'article 576 du Code de commerce. Ce dernier article détermine les cas dans lesquels le droit de revendication est anéanti, ceux dans lesquels il subsiste encore, et, comme le sort du privilége est subordonné à celui de la revendication, nous dirons que le privilége est perdu à partir du moment où les marchandises sont entrées dans les magasins du failli ou de son commissionnaire. La raison de cette déchéance doit se puiser non pas seulement dans l'intérêt du crédit commercial et dans cette circonstance que les marchandises dont il est question ont contribué à tromper les tiers sur la confiance qu'il convenait de placer dans la solvabilité du failli, mais encore et surtout dans cette idée que, lesdites marchandises étant destinées à être revendues, l'expéditeur doit être considéré comme ayant renoncé d'avance tant à son privilége qu'à son droit de revendication pour le moment où elles seraient arrivées en la possession de l'acheteur. Aussi le vendeur est-il déchu, quoique cette circonstance ne soit pas encore réalisée, si les marchandises ont été revendues pendant qu'elles étaient encore en route et que la revente puisse être justifiée soit par un connaissement, soit par une lettre de voiture. Au surplus, lorsque l'exercice du privilége ou de la revendication est encore possible en droit, il faut de plus qu'aucun obstacle de fait ne se présente. Ainsi les marchandises doivent être reconnaissables dans leur identité, faute de quoi il y aurait déchéance encourue par le vendeur.

Lorsque les marchandises expédiées ont péri en route partiellement avant d'avoir été revendues, l'expéditeur ne peut opter qu'entre deux partis, ou bien exercer son privilége sur ce qui reste et pour le surplus se ranger au nombre des créanciers chirographaires, ou bien revendiquer ce qui subsiste en renonçant à la créance du prix pour le surplus. Il ne pourrait à la fois exercer ladite créance et reprendre les marchandises qui ont échappé aux risques, la vente qu'il a consentie devant être ou résolue pour le tout, ou exécutée pour le tout, sans que l'expéditeur puisse diviser le parti auquel il s'arrête.

CHAPITRE III.

CONSÉQUENCE DE L'EXTINCTION DES PRIVILÉGES ET DES HYPOTHÈQUES.

La conséquence de l'extinction des priviléges et des hypothèques, c'est la radiation des inscriptions.

La radiation est l'annotation mise par le conservateur en marge de l'inscription et portant que ladite inscription n'existe plus.

Il y a deux espèces de radiation : 1° la radiation volontaire; 2° la radiation forcée (art. 2157).

I. — DE LA RADIATION VOLONTAIRE.

La radiation volontaire est celle qui est consentie par le créancier, et qui porte le nom de mainlevée. Deux conditions sont essentielles à sa validité : d'abord elle doit être passée en la forme authentique, et c'est sur le vu d'une expédition de l'acte que le conservateur radie l'inscription; il peut se refuser à le faire, soit que les parties se présentent devant lui, car il n'est pas tenu de les connaître, soit que le débiteur lui présente un acte sous seing privé, la signature apposée au bas de cet acte comme étant celle du créancier pouvant être fausse. En deuxième lieu, la radiation doit émaner d'un créancier ayant capacité à cet effet (art. 2157). Mais quelle doit être l'étendue de cette capacité? Nous bornant à des formules générales, nous distinguerons trois cas : ou la mainlevée est la conséquence de l'extinction de la dette; ou le créancier renonce à son hypothèque sans renoncer à sa créance et devient ainsi chirographaire; ou bien enfin sans renoncer ni à sa créance ni à son hypothèque, il abandonne simplement son rang. Dans la première hypothèse, la capacité requise pour donner mainlevée est celle qui est nécessaire pour consentir à l'extinction de la dette, soit par le payement, soit de toute autre manière ; dans la deuxième, il faut distinguer si la renonciation a lieu à titre onéreux ou à titre gratuit ; à titre onéreux, elle peut être consentie par tous ceux qui ont capacité suffisante pour céder la créance de la même façon ; à titre gratuit, elle ne peut émaner que d'une personne capable de céder gratuitement la créance elle-même. C'est la conséquence de cette idée, que l'hypothèque est envisagée ici comme un accessoire, c'est-à-dire au point de vue de son but, qui est de procurer au créancier l'objet de la dette. Dans la troisième et dernière hypothèse, la solution est la même que dans la deuxième, renoncer à son rang étant en réalité renoncer à son hypothèque, non d'une manière absolue, mais d'une manière relative.

La question de savoir par qui peut être consentie la radiation des inscriptions prises dans l'intérêt du trésor public, des communes ou des établissements publics, doit être résolue suivant des règles particulières formulées en ce qui touche l'hypothèque légale de l'État par les décisions ministérielles des 28 novembre 1808 et 24 février 1809, et en ce qui touche celle des communes et des établissements publics par le décret du 11 thermidor an XII, et par la décision ministérielle du 26 septembre 1809.

I. — RADIATION FORCÉE.

La radiation forcée est celle qui est ordonnée par un jugement. Quel est le tribunal compétent à cet effet, quels sont les motifs qui peuvent la faire prononcer, enfin quelle est la nature du jugement en vertu duquel le conservateur peut être contraint à opérer la radiation ? Tels sont les trois points que nous avons à examiner.

Compétence du tribunal qui ordonne la radiation. — En principe, l'action en radiation doit être portée devant le tribunal dans le ressort duquel l'inscription a été prise (art. 2159).

Cette règle comporte deux exceptions.

La première se présente lorsque la demande en radiation est connexe à une autre demande pendante à un autre tribunal; idée générale dont l'art. 2159 contient une application spéciale, quand il dit que l'action en radiation doit être renvoyée devant le tribunal saisi d'une contestation relative à une condamnation éventuelle ou indéterminée, pour sûreté de laquelle l'inscription a été prise.

La deuxième se produit lorsque le créancier et le débiteur sont convenus de porter la demande devant le tribunal qu'ils auraient désigné, convention qui ne doit être exécutée qu'entre eux.

Motifs qui peuvent faire prononcer la radiation. — Les motifs qui peuvent faire prononcer la radiation sont : ou bien, que l'inscription a été prise trop tôt, s'il s'agit, par exemple, d'une hypothèque judiciaire résultant de la reconnaissance faite en justice d'un acte sous seing privé qui constate une dette conditionnelle ou à terme, si, contrairement à la loi du 3 septembre 1807, l'inscription a été prise avant la réalisation de la condition ou l'échéance du terme; que l'inscription a été faite sans être fondée ni sur la loi ni sur un titre, ou bien en vertu d'un titre irrégulier; que la dette pour sûreté de laquelle l'hypothèque ou le privilége existait est éteinte d'une manière quelconque; enfin que l'hypothèque ou le privilége se trouve principalement effacé par les voies légales (art. 2160 Code civ.).

Nature du jugement en vertu duquel le conservateur peut être contraint de radier. — Le conservateur peut être contraint de radier : 1° En vertu d'un jugement rendu en dernier ressort, c'est-à-dire en vertu d'un jugement qui a traversé tous les degrés de juridiction, sans qu'il y ait à s'inquiéter de savoir s'il peut être encore attaqué par les voies extraordinaires de recours;

2° En vertu d'un jugement passé en force de chose jugée. Pour savoir ce qu'il faut entendre par là, distinguons le jugement par défaut et le jugement contradictoire.

En ce qui touche le premier, il peut s'agir d'un jugement par défaut contre avoué, ou d'un jugement par défaut contre partie. Dans le premier cas, le jugement peut être attaqué par la voie de l'opposition pendant huit jours à compter de la signification. De droit commun, le délai de l'opposition est par lui-même suspensif de l'exécution, et l'on ne fait qu'appliquer ce principe élémentaire de procédure quand on décide que le conservateur doit se refuser à la radiation tant que le délai dont il s'agit n'est pas expiré. S'il en est ainsi du délai lui-même, à plus forte raison en est-il ainsi de l'opposition une fois formée. En conséquence, le conservateur n'opérera point la radiation, ni dans le cas où le délai d'opposition n'est pas encore écoulé, ni dans le cas où, ce terme étant échu, une opposition a été formée.

En ce qui touche les jugements par défaut contre partie, de droit commun, l'opposition est recevable tant que la sentence n'a pas encore reçu un commencement d'exécution de nature à être connu du défaillant. Mais ce délai indéfini ne pouvait être tout entier suspensif de l'exécution, c'eût été dire évidemment que l'exécution ne pourrait jamais avoir lieu; aussi, les rédacteurs du Code l'ont-ils divisé en deux parties, l'une, composée d'un terme préfixe de huit jours à partir de la signification à personne ou à domicile, l'autre restant indéterminée. La première période seule suspend l'exécution, et, en conséquence, quand cette exécution consiste dans la radiation d'une inscription hypothécaire, elle ne peut être exigée du conservateur avant de lui avoir fourni la preuve que le terme de huitaine est passé, et de plus qu'il n'y a pas d'opposition.

Arrivons aux jugements contradictoires. Il est de principe que l'appel n'est pas possible dans les huit jours qui suivent la prononciation du jugement. Le législateur a ainsi sagement prévenu les appels *ab irato*, et comme conséquence de cette prohibition, il a défendu d'exécuter le jugement pendant la dite huitaine. Mais cette huitaine expirée, le délai de trois mois qui court à compter de la signification du jugement, à la différence du délai de l'opposition, n'est point par lui-même, en thèse générale, suspensif de l'exécution. Il faut que l'appel ait été interjeté. Il semblerait résulter de là que le conservateur doive radier l'inscription, sous la seule condition de lui prouver qu'il n'y a pas d'appel interjeté, se trouverait-on encore dans le délai de trois mois; et c'est, en effet, ce qui a été soutenu, entre autres auteurs, par M. Pigeau. « Dans l'ancien droit, dit-il, un jugement était considéré comme passé en force de chose jugée, non seulement quand le délai du recours était expiré, mais aussi lorsqu'il ne l'était pas encore, pourvu que la partie intéressée à faire tomber la sentence ait gardé le silence; et rien n'indique de la part des rédacteurs du Code de procédure l'intention d'abroger ces deux espèces de chose jugée, celle qu'on pourrait appeler définitive et celle qu'on pourrait appeler provisoire. D'ailleurs, le créancier condamné à subir la radiation n'est-il pas en faute de ne pas interjeter appel tout de suite? de plus, suivant l'article 548 du Code de procédure, les jugements ordonnant radiation ne sont exécutoires contre les tiers *même après les délais de l'opposition ou de l'appel.* » Ces derniers mots ne contiennent-ils pas la preuve évidente que la radiation peut être opérée avant l'expiration desdits délais? Cette opinion a été généralement répudiée, et en vérité elle devait l'être. La distinction entre la force de chose jugée provisoire et la force de chose jugée définitive était déjà condamnée par nos anciens auteurs, et entre autres par Pothier et par Rodière. Elle se concevait, du reste, sous l'empire d'un système de procédure qui permettait d'interjeter appel pendant trente ans. Mais les mêmes raisons existent-elles aujourd'hui que la faculté d'appeler est perdue au bout de trois mois? Quant à la faute reprochée au créancier, comment la concevoir quand c'est le législateur lui-même qui lui a donné trois mois pour interjeter appel? D'ailleurs, le débiteur peut mettre à requérir la radiation le même empressement que le créancier à frapper la sentence d'appel. La radiation ou le maintien de l'inscription hypothécaire va-t-il donc être le prix de la course? Enfin, quant à l'argument de texte tiré de l'article 548 du C. pr., c'est un de ces arguments dont on peut dire qu'ils ne prouvent absolument rien pour vouloir trop prouver. S'il est fondé en ce qui touche le délai de l'appel, il l'est aussi en ce qui touche le délai de l'opposition, et pourtant il est impossible de soutenir en présence des règles élémentaires de la procédure que le délai de l'opposition ne suspende pas lui-même l'exécution du jugement, et par suite la radiation de l'inscription. Au reste, l'article 548 C. pr. signifie, non pas que la radiation peut être opérée avant l'expiration des délais de l'opposition ou de l'appel, mais qu'après ladite expiration il faudra de plus prouver au conservateur qu'il n'y a ni opposition ni appel. Il faut donc tenir que, par exception aux règles ordinaires, le délai de l'appel est par lui-même suspensif de la radiation. Autrement nous allons voir, en résolvant ci dessous une question, que le créancier pourrait par suite de cette radiation éprouver un préjudice irréparable.

Dans tout ce qui précède, nous avons toujours supposé que le jugement ordonnant radiation n'était pas exécutoire par provision ; autrement le conservateur serait obligé d'obéir.

Les solutions que nous venons de donner font pressentir quelles sont les pièces qu'il faudra présenter au conservateur pour en obtenir la radiation. Ce sont ; 1° l'expédition du jugement ; 2° un certificat de l'avoué constatant que la sentence a été signifiée, et à quelle date, de telle sorte que le conservateur soit mis à même de juger si l'on se trouve ou non dans les délais de l'opposition ou de l'appel ; 3° un certificat du greffier constatant qu'il n'y a ni opposition ni appel. (Voir au reste les art. 548, 549 et 550 C. pr.)

Ainsi, sur le vu de ces pièces, voilà l'inscription hypothécaire radiée ; mais cette radiation n'est pas encore définitive. Or, il peut se faire que le jugement par lequel elle a été ordonnée tombe par suite d'une voie extraordinaire de recours, et qu'une nouvelle sentence vienne ordonner le rétablissement de l'inscription mal à propos radiée. Seulement grave débat pour savoir si l'inscription nouvelle produira son effet à compter de sa date, ou bien à compter de la date de la première inscription.

Préoccupés de concilier les intérêts divers engagés dans la question, celui de la publicité et celui du créancier qui a fini par triompher, certains auteurs ont distingué entre les hypothèques inscrites avant la radiation et celles inscrites après. A l'égard des premières, l'inscription sera rétablie à sa date primitive ; à l'égard des secondes, à la date du jour où elle a été rétablie. Cette distinction se fonde sur ce que les créanciers antérieurs à la radiation n'ont compté sur la valeur de l'immeuble que sous la déduction de l'hypothèque dont l'inscription n'était pas encore radiée, tandis que les créanciers postérieurs ont traité avec le débiteur commun sous la foi de cette radiation. A notre sens, cet expédient doit être rejeté, et tout d'abord il nous semble reposer sur une fausse base, que les créanciers antérieurs n'aient pas compté sur une radiation non encore opérée à l'époque où ils se sont mis en relation avec le débiteur, nous en tombons d'accord ; mais ce n'est pas dire que, voyant leur gage s'augmenter par suite de la radiation, ils n'auraient pas négligé d'exercer en temps utile des poursuites contre le débiteur ; de plus, la distinction proposée conduit à des difficultés inextricables de collocation ; elle est contraire à l'adage : *Si vinco vincente te, a fortiori vinco te.*

Ce système ecclectique étant ainsi repoussé, le débat se réduit à savoir s'il faut sacrifier l'intérêt du créancier à celui de la publicité, ou l'intérêt de la publicité à celui du créancier. Nous n'hésitons pas à nous prononcer pour l'application la plus large du principe de publicité, et nous pensons, en conséquence, que l'inscription nouvelle n'aura d'effet qu'à compter de sa date. Autrement que signifierait la radiation ? Nous ajoutons que le législateur eût peut-être mieux fait, par dérogation aux principes généraux de la procédure, de donner un effet suspensif aux délais fixés pour exercer les recours extraordinaires, du moins quand c'est un délai préfix, comme lorsqu'il s'agit du pourvoi en cassation. En décidant ainsi, il n'aurait fait que se conformer à ce qu'il avait ordonné en d'autres matières, et, par exemple, en matière de divorce (art. 263 C. civ.) et en matière de faux (art. 245 C. pr.).

DEUXIÈME PARTIE.

———

ÉVÉNEMENTS QUI DIMINUENT L'HYPOTHÈQUE OU L'ÉTENDUE DE SON INSCRIPTION.

Les événements qui diminuent une hypothèque ou l'étendue de son inscription peuvent la restreindre à certains immeubles, ou réduire la somme pour sûreté de laquelle elle existe. Nous avons donc à nous occuper : 1° de la restriction de l'hypothèque ; 2° de la réduction.

CHAPITRE PREMIER.

RESTRICTION DE L'HYPOTHÈQUE.

La restriction de l'hypothèque peut avoir lieu, au moment de sa naissance en l'empêchant de s'étendre sur certains immeubles qu'elle aurait dû frapper, ou bien à une époque ultérieure, en affranchissant certains immeubles qu'elle grevait.

La première hypothèse ne rentre pas dans notre recherche, car il s'agit bien moins de porter atteinte à une hypothèque déjà née, que de l'empêcher de naître avec toute son étendue. Nous en parlerons toutefois sommairement pour bien faire ressortir le contraste qui existe entre le premier et le second cas.

I. — RESTRICTION DE L'HYPOTHÈQUE AU MOMENT DE SA NAISSANCE.

La restriction de l'hypothèque au moment de sa naissance s'applique à l'hypothèque légale de la femme du mineur et de l'interdit.

A l'égard de l'hypothèque légale de la femme, les parties peuvent convenir dans le contrat de mariage qu'il ne sera pris d'inscription que sur certains immeubles du mari. Mais il faut pour cela, non pas comme le dit inexactement l'article 2140, que les parties soient majeures, car on ne voit pas pourquoi la minorité du mari serait un obstacle à une pareille convention ; mais que la femme, elle, ait atteint sa majorité. Ainsi la femme mineure ne pourrait, même avec l'assistance des personnes dont le consentement est nécessaire à la validité de son mariage, consentir à la restriction partielle de son hypothèque, et la femme majeure ne pourrait convenir qu'il ne serait pris aucune inscription. Dans tous ces cas, le législateur a voulu la prémunir contre la facilité avec laquelle elle pourrait accéder aux sollicitations de son futur mari.

A l'égard de l'hypothèque légale des mineurs et des interdits, le conseil de famille peut décider qu'il ne sera pris d'inscription que sur certains immeubles du tuteur (art. 2140). Cette disposition s'applique sans difficulté au tuteur datif; alors, en effet, il y a cet acte de nomination dont parle l'article 2143. En ce qui touche le tuteur testamentaire, l'acte de nomination consiste précisément dans le testament, et de là certaines personnes ont conclu que le testateur pouvait ordonner la restriction, dont il est question dans l'article 2141. Mais c'est, à notre avis, accorder au testateur un pouvoir dont l'exercice pourrait être dangereux. L'on comprend très-bien que des parents, réunis en conseil de famille, accordent au tuteur la restriction de l'hypothèque légale; le mineur trouve là des garanties suffisantes, tandis que la confiance du testateur pourrait en définitive se trouver mal placée. Relativement au tuteur légitime, il n'y a pas d'acte de nomination. Aussi certaines personnes pensent-elles qu'il n'y a d'autre restriction possible que la restriction judiciaire. Nous croyons, quant à nous, que dans tous les cas, et de quelque espèce de tuteur qu'il s'agisse, le conseil de famille est compétent pour consentir à la restriction de l'hypothèque; il ne le fera sans doute pas dans un acte de nomination, et sous ce rapport on ne se trouvera pas dans les termes de l'article 2143, mais il pourra le faire lors de sa première assemblée qui aura lieu pour nommer le subrogé tuteur, de telle sorte que nous généralisons les articles 2141 et 2143 combinés en vertu de l'esprit de la loi.

II. — Restriction de l'hypothèque après sa naissance.

La restriction de l'hypothèque lors de sa naissance a toujours, ainsi que nous venons de le voir, un caractère conventionnel. La restriction postérieure à la naissance peut être au contraire revêtue d'un caractère judiciaire. C'est ce qui a lieu dans deux cas : 1° lorsque, le créancier étant dans un état d'incapacité, il y a lieu de prendre à son profit certaines mesures de garantie; 2° et lorsqu'un créancier capable refuse mal à propos de consentir à une restriction qui n'est pas de nature à porter la moindre atteinte à son droit. Voyons successivement ces deux hypothèses.

La première a lieu lorsqu'il s'agit de l'hypothèque légale du mineur ou de l'interdit et de celle de la femme.

Relativement à l'hypothèque légale du mineur ou de l'interdit dans le cas où elle excéderait notoirement les sûretés nécessaires pour la gestion du tuteur, celui-ci peut demander qu'elle soit restreinte aux immeubles suffisants pour opérer une pleine garantie en faveur du mineur. La demande est formée contre le subrogé tuteur, le ministère public étant partie intervenante. Mais elle n'est recevable qu'autant qu'elle est précédée d'un avis du conseil de famille et que l'hypothèque n'aura pas déjà été restreinte par l'acte de nomination. Dans le cas inverse à ce dernier, la restriction déjà consentie a donné à l'hypothèque le caractère d'une hypothèque conventionnelle, et la demande que le tuteur formerait ultérieurement, si elle pouvait triompher, serait une violation flagrante de la convention.

De même le mari peut demander que l'hypothèque de sa femme soit restreinte aux immeubles suffisants pour la conservation entière des droits de celle-ci. Mais il faut que cette demande soit aussi précédée de l'avis des quatre plus proches parents de la femme réunis en assemblée de famille, et que le contrat de mariage ne contienne pas déjà une restriction. La demande est intentée ici en la forme contentieuse contre le procureur impérial considéré comme partie principale, la faculté étant réservée au tribunal d'avoir à l'avis de la famille, dans quelque sens qu'il ait été donné, tel égard que de raison. Il faut de plus que la femme ait donné son adhésion à la demande du mari (art. 2144). On peut seulement discuter sur la question de savoir si un consentement valable pourrait à cet égard être donné par une femme mineure. Nous penchons vers la négative, et cela par un argument *a fortiori* tiré de ce qui se passe lorsque la restriction est accordée par le contrat de mariage. Si la majorité de la femme est exigée comme condition de validité de la restriction qui a été consentie, alors pourtant que la femme mineure est assistée de toutes les personnes dont le consentement est nécessaire à la validité du mariage et qu'elle est à l'abri de l'influence maritale, à combien plus forte raison ne doit-il pas en être de même alors que la femme est placée depuis longtemps peut-être sous la dépendance du mari?

Arrivons à la deuxième hypothèse distinguée ci-dessus. Le créancier est capable de consentir valablement à une restriction de l'hypothèque, mais il refuse ce consentement. Le débiteur a-t-il un moyen quelconque de vaincre sa résistance? Cette question est complexe et doit être examinée à propos des hypothèques conventionnelles, des hypothèques judiciaires et des hypothèques légales.

Quand il s'agit d'une hypothèque conventionnelle, permettre au débiteur d'en réclamer la restriction, sous prétexte qu'elle porte sur plus d'immeubles qu'il ne faut pour la sécurité du créancier, ce serait violer la foi du contrat. Aussi l'article 2161, *in fine*, nous dit-il que dans ce cas la restriction n'est pas possible. Et cette solution est vraie, non-seulement quand le débiteur a constitué hypothèque sur les immeubles présents, mais encore dans celui où, les immeubles présents étant insuffisants, il a grevé ses immeubles à venir (art. 2130). Cette solution, quoique contestée par les savants annotateurs de Zachariæ, nous paraît invinciblement résulter à la fois, et du texte de l'article 2161 et de la foi qui est due à la convention.

Lorsqu'il s'agit d'une hypothèque judiciaire, la restriction peut en être demandée, et la faculté de la réclamer est, de l'aveu de tout le monde, accordée au débiteur par l'article 2161.

Mais que décider à l'égard des hypothèques légales? Quant à celle du trésor public, elle est régie, non point par l'article 2161, mais par l'article 15 de la loi du 16 septembre 1807. Il résulte de cette loi que pendant tout le temps où les comptables sont en exercice, ils doivent pour obtenir la restriction s'adresser à la Cour des comptes, et lorsqu'ils sont sortis de charge, aux tribunaux. L'hypothèque légale des communes et des établissements publics est régie, sous le rapport de sa restriction, par les règles spéciales dont nous avons déjà parlé en nous occupant de la radiation, et il n'y a aucun motif pour la soumettre à l'article 2161. Et pour les hypothèques privilégiées sur certains immeubles, soit qu'elles aient conservé ce caractère, soit qu'elles aient dégénéré en hypothèques simples, la question ne peut même pas se présenter; les termes de l'article 2161 s'y opposent, puisqu'ils parlent d'inscription prise par un créancier qui, d'après la loi, aurait droit d'en prendre sur les biens présents ou sur les biens à venir du débiteur. Le même motif s'applique à l'hypothèque légale du légataire (art. 1017). Restent donc les priviléges généraux sur les meubles ou sur les immeubles, et l'hypothèque légale de la femme du mineur ou de l'interdit. Relativement aux priviléges généraux, le texte de l'article 2161 s'y adapte parfaitement, et, par suite, la restriction peut en être demandée. En ce qui concerne l'hypothèque légale du mineur ou de l'interdit, la restriction ne peut en avoir lieu que suivant les formes et les conditions prescrites par l'article 2143. Mais il y a plus de doute pour celle de la femme, lorsque celle-ci, étant majeure, refuse son consentement, ou bien lorsque, étant mineure, elle ne peut le donner; on s'est demandé si le mari, laissant de côté l'article 2144, pouvait recourir aux articles 2161, 2162 et 2165, et obtenir une restriction en prouvant qu'il réunit les conditions voulues par ces dispositions combinées? Nous pensons, pour notre compte, que tout ce qui tient à la restriction de l'hypothèque légale se trouve réglé par l'article 2144, et que le mari ne peut échapper à cette disposition en invoquant d'autres articles. En conséquence, l'hypothèque légale de la femme conserve toute son étendue dans tous les cas où la femme refuse ou ne peut donner son consentement, quand bien même le mari présenterait les justifications exigées par les articles 2161, 2162 et 2165. Une décision contraire nous paraîtrait une violation de la foi due aux conventions matrimoniales.

En dernière analyse, la possibilité de vaincre la résistance opposée par un créancier capable qui refuse de consentir à une restriction de l'hypothèque n'existe que relativement aux hypothèques judiciaires, et encore cesse-t-elle dans ce cas, si, antérieurement à la demande, il est intervenu entre le créancier et le débiteur un arrangement qui, en limitant l'hypothèque, lui a donné le caractère d'une hypothèque conventionnelle.

Quoi qu'il en soit, le tribunal n'ordonnera la restriction que si les inscriptions sont excessives. Sont considérées comme telles les inscriptions qui frappent sur plusieurs immeubles, lorsque la valeur d'un seul ou de quelques-uns d'entre eux excède de plus d'un tiers en fonds libres le montant de la créance en capital et accessoires légaux (art. 2162); la valeur des immeubles dont la comparaison est à faire avec celle des créances et le tiers en sus est déterminée par quinze fois la valeur du revenu déclaré par la matrice du rôle de la contribution foncière ou indiqué par la cote de contribution sur le rôle, selon la proportion qui existe dans les communes de la situation entre cette matrice et cette cote et le revenu pour les immeubles non sujets à dépérissement, et dix fois cette valeur pour ceux qui y sont sujets. Peuvent néanmoins les juges s'aider en outre des éclaircissements qui peuvent résulter des baux non suspects, des procès-verbaux d'estimation qui ont pu être dressés à des époques rapprochées et autres semblables, et évaluer le revenu au taux moyen entre les résultats de ces divers renseignements (art. 2165).

CHAPITRE II.

RÉDUCTION DE L'HYPOTHÈQUE.

La restriction porte, ainsi que nous venons de le voir, sur les immeubles hypothéqués; la réduction frappe les sommes qui étaient garanties par l'hypothèque.

Lorsque la somme pour sûreté de laquelle l'inscription a été prise a été déterminée par la convention, la réduction n'est évidemment pas possible (art. 2165). Elle ne l'est pas non plus quand il s'agit de l'une de ces hypothèques, dans l'inscription de laquelle il n'y a pas d'évaluation à faire, comme l'hypothèque légale de la femme, du mineur ou de l'interdit. Mais l'inscription d'une hypothèque conventionnelle doit contenir une évaluation approximative de la part du créancier, lorsqu'elle est prise pour sûreté d'une dette qui, malgré la certitude de son existence, est indéterminée quant à son *quantum* (art. 2132). Il en est de même de l'inscription destinée à manifester une hypothèque judiciaire, ou l'hypothèque légale de l'État, des communes ou des établissements publics. Dans tous ces cas, si l'évaluation est excessive, elle peut être réduite par les tribunaux, investis à cet égard d'un pouvoir discrétionnaire (art. 2163, 2164, C. civ.), sans préjudice des nouvelles inscriptions à prendre avec hypothèque du jour de leur date, lorsque l'événement aura porté les créances indéterminées à une somme plus forte.

Il y a des événements qui entraînent à la fois comme conséquence et la restriction des hypothèques quant aux immeubles, et la réduction quant aux créances. C'est ce qui arrive pour l'hypothèque légale de la femme en cas de faillite du mari. Mais cette faillite ne produit pas à elle seule de pareils effets, il faut qu'elle vienne se combiner avec d'autres circonstances, et que le mari fût commerçant à l'époque de la célébration du mariage, ou que, n'ayant pas alors d'autre profession déterminée, il soit devenu commerçant dans l'année (art. 563, 564, C. comm.): dans toutes les autres hypothèses, l'hypothèque légale de la femme conserve toute son étendue.

Cela étant posé, voyons successivement la portée de la restriction et celle de la réduction.

I. — RESTRICTION DE L'HYPOTHÈQUE DE LA FEMME EN CAS DE FAILLITE DU MARI.

Lorsque le mari est en faillite et qu'en outre les conditions dont nous venons de parler se trouvent réunies, l'hypothèque légale de la femme est restreinte aux immeubles dont le mari était propriétaire à l'époque de la célébration du mariage et à ceux qu'il a acquis depuis par voie de succession ou de donation (art. 563, *in pr.* C. comm.). Quant à ceux dont il est devenu acquéreur à titre onéreux, ils sont affranchis complétement de l'hypothèque légale, et cela sans distinguer s'il en est devenu propriétaire avant ou après l'époque à laquelle il s'est fait commerçant, lorsque, n'ayant pas de profession déterminée au moment de la célébration du mariage, il a, dans le courant de l'année, entrepris un commerce. Sous ce rapport, la loi du 10 mai 1838, qui est venue mettre un terme aux rigueurs excessives déployées par l'ancien Code de commerce à l'encontre des femmes des faillis, est elle-même trop rigoureuse. Si les immeubles acquis à titre onéreux ne sont pas soumis à l'hypothèque légale, c'est à raison d'une idée de suspicion, le législateur présumant que les acquisitions ont été faites avec les deniers des créanciers. Mais cette présomption de fraude ne saurait évidemment s'appliquer aux immeubles qui sont devenus la propriété du mari dans l'intervalle écoulé entre l'époque de la célébration du mariage et celle où il s'est livré au négoce.

II. — Réduction de l'hypothèque légale de la femme en cas de faillite du mari.

Aux termes de l'art. 563 du Code de commerce, quand l'hypothèse par nous signalée se réalise, l'hypothèque légale restreinte aux immeubles dont nous venons de parler ne garantit que :

1° Les deniers et effets mobiliers apportés en dot par la femme ou qui lui sont advenus depuis le mariage par succession ou donation entre vifs ou testamentaire, et dont elle prouvera la délivrance ou le payement par acte ayant date certaine;

2° Les remplois de ses biens aliénés pendant le mariage;

3° L'indemnité des dettes qu'elle a contractées avec son mari.

Nous retrouvons ici l'énumération donnée par l'art. 2135 du Code civil, sauf les deux restrictions suivantes : d'une part, l'art. 563 du Code de commerce ne parle pas des conventions matrimoniales. C'est que ces conventions matrimoniales, dont il s'agit dans l'art. 2135, ne sont autre chose que les avantages portés au contrat de mariage et dont parle l'art. 564 C. comm.: or, dans le cas dont nous nous occupons, la femme ne peut profiter de ces avantages, à la charge, par les créanciers du mari, de ne pas se prévaloir de ceux faits à ce dernier dans ce même contrat (art. 564 C. comm.). D'autre part, en ce qui touche les deniers et les effets mobiliers advenus à la femme à titre gratuit depuis le mariage, la femme ne peut exercer son hypothèque légale qu'à la condition de prouver la délivrance ou le payement desdits effets par acte ayant date certaine. Ajoutons que l'art. 2135 du Code civil ne contient pas une énumération limitative des créances à raison desquelles, suivant le droit commun, la femme peut se prévaloir de son hypothèque, et que celles qu'il contient sont là seulement *exempli gratia*; au contraire, on ne saurait, sans le violer, étendre l'art. 563 C. comm. à d'autres droits qu'à ceux qu'il détermine.

TROISIÈME PARTIE.

PERTE DU DROIT DE S'INSCRIRE.

La question de savoir dans quel cas le droit de s'inscrire est perdu se présente dans deux hypothèses différentes : celle où les immeubles sont restés entre les mains du débiteur, et celle où ils sont passés entre les mains d'un tiers ; en d'autres termes, la perte du droit de s'inscrire doit être examinée à deux points de vue, celui du droit de préférence et celui du droit de suite.

CHAPITRE PREMIER.

PERTE DU DROIT DE S'INSCRIRE AU POINT DE VUE DU DROIT DE PRÉFÉRENCE.

Il y a deux événements qui font perdre au créancier le droit de s'inscrire ; ce sont : la faillite du débiteur, et l'acceptation de sa succession sous bénéfice d'inventaire (art. 2146). Lorsque l'un ou l'autre de ces deux événements se produit, deux questions surgissent : 1° en quel sens et dans quelle mesure l'un ou l'autre de ces deux événements empêche-t-il les tiers d'acquérir un privilége ou une hypothèque ? 2° en quel sens et dans quelle mesure l'un ou l'autre de ces deux événements empêche-t-il l'inscription d'une hypothèque ou d'un privilége valablement acquis ?

La première de ces deux questions est complétement étrangère à notre sujet, aussi n'en parlerons-nous pas. Nous supposerons un privilége ou une hypothèque à l'abri de toute espèce de critique, et nous nous demanderons si la faillite ou l'acceptation bénéficiaire met obstacle au droit d'inscrire cette hypothèque ou ce privilége.

I. — Faillite du débiteur.

Sur le point qui nous occupe, la législation a suivi deux phases différentes.

Suivant l'article 2146 du Code civil, aucune hypothèque, aucun privilége acquis antérieurement ne pouvait être inscrit après le jugement déclaratif ni dans le *délai qui précède* l'ouverture de la faillite, et pendant lequel les actes faits par le failli sont déclarés nuls, sauf la question non résolue de savoir ce qu'il fallait entendre par l'ouverture de la faillite.

Cet état de choses n'avait pas été modifié par l'ancien Code de commerce, sauf que l'article 441 dudit Code indiquait aux tribunaux certains événements auxquels ils pouvaient rattacher l'ouverture de la faillite. Ainsi, quelque court que fût le temps écoulé depuis la naissance du privilége ou de l'hypothèque, et pendant lequel le créancier avait omis de s'inscrire, quelles que fussent les circonstances qui l'eussent empêché de remplir cette formalité, l'inscription prise à l'époque déterminée par l'article 2146 du Code civil, combiné avec les articles 441 et 443 C. comm., était frappée de nullité.

Il y avait là une injustice flagrante. Exiger que le créancier qui vient d'acquérir un droit de préférence remplisse immédiatement la formalité de l'inscription, sans que rien puisse l'excuser de ne l'avoir pas fait, ni la brièveté du temps, ni la fatalité des circonstances, c'était là vraiment un système d'une sévérité outrée. Les rédacteurs de la loi du 28 mai 1838, modificative des dispositions de l'ancien Code de commerce sur les faillites, ont été bien mieux inspirés : ils ont décidé, d'une part, que le cours des inscriptions serait arrêté par le jugement déclaratif et, d'autre part, que les inscriptions prises antérieurement, soit après la cessation des payements, soit dans les dix jours qui précèdent, ne pourraient être critiquées si, entre le jour de la naissance du privilège ou de l'hypothèque il ne s'était pas écoulé un délai de plus de quinzaine, sauf l'augmentation à raison des distances; et quant à celles prises après l'expiration de ce délai, les tribunaux ont encore un pouvoir discrétionnaire pour l'appréciation des circonstances, de telle sorte qu'ils peuvent déclarer valable une inscription tardive, si le créancier parvient à justifier son inaction (art. 448 C. comm.).

Voilà la règle générale, mais elle n'est pas sans exceptions. Il y a des hypothèques et des priviléges qui peuvent être valablement inscrits quoiqu'il se soit écoulé plus de quinze jours depuis leur naissance, même après la faillite du débiteur, ou dans les dix jours qui précèdent.

Quant aux hypothèques, il est évident que celles qui sont dispensées d'inscription ne tombent pas sous l'application de l'article 448, Cod. comm. Cela va de soi tant que dure la tutelle ou le mariage. Cela est encore sans difficulté pendant l'année qui suit l'expiration de la tutelle ou la dissolution du mariage. Dès le moment que la loi du 23 mars 1855 a donné à la femme, au mineur ou à l'interdit, un répit d'une année pour s'inscrire, à compter de l'un ou l'autre de ces deux événements, la faillite de l'ex-tuteur ou de l'ex-mari ne saurait priver ces personnes du délai qui leur est imparti. Mais si ce terme vient à expirer sans qu'aucune inscription ait été prise, la faillite de l'ex-tuteur ou de l'ex-mari viendra forclore l'ex-mineur, l'ex-interdit ou la femme, comme tout autre créancier.

Même à l'égard des hypothèques soumises à la nécessité de l'inscription, l'article 448 du Code de commerce s'applique seulement à celles qui ont pour but de garantir la créance quant au capital, mais non à celles qui assurent la créance quant aux accessoires qui viennent à échéance depuis l'arrivée de l'époque fatale fixée par la loi. Ainsi, même à cette époque, le créancier pourrait valablement prendre les inscriptions particulières dont parle l'article 2151 du Code civil, et qui sont nécessaires à la conservation du privilége ou de l'hypothèque quant aux intérêts dus pour plus de trois ans. L'article 445 C. comm. le suppose du reste formellement, en décidant que les intérêts des créances garanties par une hypothèque, un nantissement ou un privilége, continuent de courir à l'égard de la masse, malgré le jugement déclaratif de faillite.

Quant aux priviléges qui sont assujettis à la nécessité de l'inscription, pour savoir jusqu'à quel point ils sont dominés par l'article 448 C. comm., il faut les diviser en deux grandes catégories, soit ceux qui doivent être rendus publics au moment même de leur naissance, soit ceux qui, à raison de certaines circonstances, ne peuvent l'être à ce moment-là, et à l'égard desquels la loi fixe un certain délai.

Dans la première catégorie figurent le privilége du créateur de plus-value, ainsi que ses analogues, et le privilége du vendeur.

L'application de l'article 448 C. comm. au privilége des créateurs de plus-value n'a jamais fait difficulté.

La question a soulevé plus de doute quant à celui du vendeur. Ce privilége naît au moment où l'immeuble entre dans le patrimoine de l'acheteur, et comme celui-ci, depuis la loi du 23 mars 1855, ne devient propriétaire, à l'égard des tiers, que par la transcription ; il s'ensuit que cette copie littérale de l'acte de vente au bureau des hypothèques révèle l'existence du privilége en même temps que la mutation de propriété, sauf l'inscription d'office que le conservateur est obligé de prendre sous sa responsabilité personnelle vis-à-vis des ayants cause de l'acheteur (art. 2108 C. civ.). Si donc l'acquéreur fait transcrire, le vendeur n'a rien à faire absolument pour la conservation de son privilége. Il en est de même si la transcription n'a pas lieu, tant que l'acheteur n'est pas en faillite, ou que sa succession n'est pas acceptée sous bénéfice d'inventaire ; les ayants cause de l'acheteur sont en faute d'avoir traité avec lui avant d'avoir exigé l'accomplissement d'une formalité qui aurait porté à leur connaissance les droits de l'aliénateur. Mais, si l'une ou l'autre de ces époques fatales, et spécialement la faillite, survient, le vendeur n'aura-t-il pas à se reprocher de n'avoir pas requis lui-même une transcription de l'acte d'aliénation ou l'inscription de son privilége? Dans une certaine opinion, on soutient que, même dans ce cas, il n'a rien à redouter. Il y aurait, dit-on, injustice à priver le vendeur de son droit de préférence, quand c'est lui qui a mis l'immeuble dans le patrimoine de l'acheteur. Du reste, suivant le texte des articles 2146 C. civ. et 448 C. comm., la faillite n'arrête que le cours des inscriptions, et c'est une transcription qui conserve ici le privilége: au surplus, à défaut de transcription, l'acheteur n'est pas devenu propriétaire, et la masse n'a pas sur l'immeuble plus de droits que lui. Pour acquérir la propriété, il faudrait qu'elle fît elle-même procéder à la transcription; mais comme elle ferait en même temps surgir le privilége, elle s'abstiendra de cette formalité, et alors il faut permettre au vendeur de l'accomplir lui-même. Enfin, si l'on enlève au vendeur son privilége, il exercera le droit de revendication.

Reprenons successivement chacun des arguments qui précèdent. Et d'abord, il n'y a pas plus d'injustice à priver le vendeur de son privilége, en cas de faillite de l'acheteur, qu'à priver du leur les créateurs de plus-value; car eux aussi ont mis une valeur dans le patrimoine du débiteur commun, et cependant la faillite de ce débiteur leur enlève bien la faculté d'inscrire le premier procès-verbal d'estimation. Quant à la raison de texte tirée des articles 2146 C. civ. et 448 C. comm., c'est vraiment abuser des mots que d'appliquer ces dispositions aux inscriptions proprement dites seulement. La transcription vaut inscription (art. 2108), mais elle ne vaut pas plus qu'une inscription; et cependant, elle aurait une plus grande valeur si elle n'était pas soumise aux déchéances prononcées contre les inscriptions elles-mêmes; dire, comme on le fait, que la transcription n'ayant pas eu lieu, l'acheteur n'est pas devenu propriétaire, c'est commettre une erreur juridique. Sans doute la propriété de l'immeuble est restée dans le patrimoine du vendeur ; mais à l'égard de qui ? A l'égard de ses propres ayants cause, en ce sens qu'il peut anéantir le droit de l'acheteur ou le restreindre par des aliénations ou des constitutions d'hypothèques postérieures. Mais l'immeuble dont il s'agit est bien vraiment devenu la propriété de l'acheteur à l'égard du vendeur. Prétendre le contraire, c'est violer ouvertement l'article 1583 C. civ. Sans transcription, l'acheteur est donc propriétaire dans ses rapports avec l'aliénateur, et la masse de ses créanciers a les mêmes droits que lui ; seulement, le vendeur a retenu un droit de préférence, à la charge par lui de remplir les conditions nécessaires à sa conservation. S'il ne les remplit pas, et si la faillite de l'acheteur vient l'empêcher de les remplir, il n'a qu'à s'imputer sa négligence.

Ainsi, le privilége du vendeur doit être mis sur la même ligne que celui des créateurs de plus-value lorsqu'il n'a pas été rendu public, soit par une transcription, soit par une inscription avant la faillite de l'acheteur.

Arrivons aux priviléges de la deuxième catégorie. Ce sont ceux qui peuvent être inscrits dans un certain délai, à partir de leur naissance, moyennant quoi ils ont un effet rétroactif au jour où ils ont été acquis. Tant que ce délai n'est pas expiré, la faillite du débiteur ne peut en rien altérer le droit de s'inscrire. En faisant encourir aux créanciers hypothécaires ou privilégiés déchéance pour ne pas s'être inscrits en temps voulu, le législateur a voulu les punir d'une négligence qui a conservé au failli un crédit menteur. Cette raison n'a pas d'application possible au cas qui nous occupe. Dans un bon système de publicité, les priviléges spéciaux sur les immeubles, afin que personne ne soit trompé, doivent se révéler au moment même de leur naissance. C'était la règle posée par la loi du 11 brumaire an VII ; c'est celle qui a été consacrée par l'article 2106 du Code civil : lorsque le législateur l'abandonne en donnant aux créanciers un certain délai pour remplir la formalité de l'inscription, il faut qu'il ait pour cela des raisons puissantes et qu'il ait vraiment reconnu la nécessité du terme concédé. Telle est la considération qui l'a guidé lorsque, dans l'article 2109, il a donné au copartageant un délai de soixante jours à dater de l'acte de partage, et dans l'article 2111 un délai de six mois à compter de l'ouverture de la succession, aux créanciers du défunt et aux légataires qui invoquent la séparation des patrimoines. Il faut mettre sur la même ligne les deux priviléges que la loi du 5 septembre 1807 a créés au profit du Trésor public, l'un pour le recouvrement des frais de la justice criminelle, correctionnelle ou de police, lequel doit être inscrit dans les deux mois à partir du jugement de condamnation, l'autre sur les immeubles acquis à titre onéreux par les comptables depuis leur entrée en fonction, lequel doit être inscrit dans les deux mois de l'enregistrement de l'acte translatif de propriété. Dans tous ces cas, bien loin qu'on puisse accuser le créancier privilégié d'avoir mis de la négligence dans son inaction, il n'a fait qu'user d'un droit consacré par la loi elle-même, et qui n'a pu recevoir aucune atteinte de la faillite. Du reste, en donnant aux tribunaux un pouvoir discrétionnaire pour juger s'il y a eu ou non négligence de la part du créancier qui a laissé s'écouler plus de quinze jours depuis la naissance du privilége ou de l'hypothèque, l'article 448 C. comm. ne dit-il pas assez que le législateur n'a pas eu en vue les priviléges assujettis à une inscription dans un certain délai? Comment les tribunaux pourraient-ils décider que le créancier a été négligent pour avoir profité d'un délai que la loi elle-même avait pris la peine de fixer?

II. — Acceptation d'une succession sous bénéfice d'inventaire.

Lorsqu'une succession est acceptée sous bénéfice d'inventaire, les inscriptions prises depuis l'ouverture de la succession sont frappées de nullité; cette acceptation rétroagissant à l'époque du décès, et peu importe ici le délai qui s'est écoulé entre la naissance du privilége ou de l'hypothèque et l'inscription, quelque court qu'il soit, l'inscription n'est pas valable. Sous ce rapport, l'article 2146 C. civ. est resté avec toute sa sévérité.

L'acceptation bénéficiaire arrête le cours des inscriptions, parce que, a-t-on dit, une succession qui est acceptée sous bénéfice d'inventaire doit être considérée comme étant en état de faillite. Les personnes qui se sont exclusivement préoccupées de ce point de vue ont refusé d'étendre l'application de l'article 2146 aux deux cas dans lesquels le bénéfice d'inventaire est forcé, à savoir : celui où la succession est échue à un mineur (art. 463 C. civ.), et celui où la succession étant dévolue à un seul héritier, celui-ci est décédé sans avoir pris parti, laissant lui-même plusieurs héritiers (art. 782 C. civ.) Dans ces hypothèses, en effet, bien qu'acceptée bénéficiairement, la succession peut être fort bonne. Mais l'article 2146 ne fait aucune espèce de distinction, et, en présence de la généralité de son texte, on ne peut s'empêcher de rester convaincu qu'il régit tous les cas d'acceptation bénéficiaire. Le motif tiré de la présomption d'insolvabilité n'est donc pas suffisant pour rendre compte de la décision du législateur ; il doit se combiner avec cette idée que l'acceptation sous bénéfice d'inventaire, établissant une séparation entre l'hérédité et les biens personnels de l'héritier, fixe une fois pour toutes la consistance de la fortune du défunt et le gage de ses créanciers. Il ne faut pas que, si parmi ces derniers il en est un qui soit plus tôt que les autres averti de l'événement, il puisse, à leur détriment, se ménager un droit de préférence par une inscription, laquelle se trouverait ainsi le prix de la course. Au surplus, de deux choses l'une, ou la succession, bénéficiairement acceptée dans les cas prévus par les articles 463 et 782, est solvable, ou elle est insolvable. Dans la première hypothèse, les créanciers du défunt n'ont pas à se plaindre de l'application de l'article 2146, puisqu'ils seront tous payés ; dans la deuxième, l'état de l'hérédité prouve qu'on a eu raison de l'accepter sous bénéfice d'inventaire, et l'on retombe alors dans un cas semblable à celui où l'acceptation bénéficiaire aurait été volontaire.

Il faut mettre la succession vacante sur la même ligne que la succession acceptée sous bénéfice d'inventaire, les raisons sont les mêmes.

Les exceptions que nous avons signalées au cas de faillite, relativement à certains priviléges dont la publicité n'accompagne pas la naissance, existent aussi en cas d'acceptation bénéficiaire ou de succession vacante.

La faillite du débiteur et l'acceptation bénéficiaire, en y assimilant la vacance de la succession, sont les seuls événements qui, d'après la loi, viennent enlever aux créanciers le droit de s'inscrire. Il faut donc se garder de mettre sur la même ligne, soit la déconfiture du débiteur, soit la saisie de ses biens, soit enfin la répudiation de sa succession.

En ce qui touche la déconfiture, le législateur ne l'a nulle part organisée, et les déchéances, qui sont de droit étroit, ne peuvent s'étendre par voie d'analogie.

A l'égard de la saisie, on a tenté de conclure de l'article 686 du Code de procédure, et de l'incapacité dont il frappe le débiteur relativement à l'aliénation des biens saisis, que le droit de s'inscrire était perdu pour les créanciers. Mais cette conclusion a été universellement repoussée et devait l'être : en effet, l'inscription dont il s'agit ne pouvait en aucune façon altérer en rien la position des autres créanciers.

Quant à la répudiation de la succession, elle aboutit nécessairement, soit à une vacance (art. 811 C. civ.), soit à une acceptation bénéficiaire des héritiers subséquents, soit à une acceptation pure et simple de leur part. Dans les deux premières hypothèses, le cas qui nous occupe se confond avec celui prévu par l'article 2146 et son analogue, à savoir la vacance. Dans la dernière hypothèse, l'acceptation pure et simple ayant un effet rétroactif au jour de l'ouverture de la succession (art. 777 C. civ.), la répudiation est à considérer comme non avenue.

CHAPITRE II.

PERTE DU DROIT DE S'INSCRIRE AU POINT DE VUE DU DROIT DE SUITE.

Ici, nous avons deux points à examiner : 1° Quels sont les événements qui mettent le tiers acquéreur à l'abri de toute inscription ultérieure ? 2° la déchéance de ce droit de suite a-t-elle pour conséquence nécessaire celle du droit de préférence ?

SECTION PREMIÈRE.

Événements qui mettent le tiers acquéreur à l'abri de toute inscription ultérieure.

Deux hypothèses sont à considérer : celle d'une aliénation volontaire et celle d'une aliénation forcée.

I. — Aliénation volontaire.

La conservation du droit de suite a suivi plusieurs phases distinctes, suivant que l'on se place sous l'empire de la loi du 11 brumaire an VII, ou sous l'empire de l'article 2166 du Code civil, ou sous celui de l'article 834 du Code de procédure, enfin sous celui de la loi du 23 mars 1855.

Loi du 11 brumaire an VII. — Les hypothèques et les privilèges devaient, quant au droit de suite, être rendus publics avant que l'immeuble sortît du patrimoine du débiteur pour entrer dans celui du tiers acquéreur, et comme cette mutation ne s'opérait à l'égard des tiers que par la transcription, il s'ensuivait que les créanciers hypothécaires ou privilégiés devaient s'inscrire avant l'accomplissement de cette mesure de publicité. Il y avait ceci de particulier à remarquer quant au privilège du vendeur, que celui-ci n'avait rien à faire pour le conserver. De deux choses l'une : ou l'acheteur n'avait pas fait transcrire, et alors le sous-acquéreur, qui avait traité avec lui, était en faute de l'avoir fait, ou bien il avait procédé à la transcription, et dans ce cas, il avait lui-même pris le soin de révéler aux tiers l'existence du privilège.

Article 2166 du Code civil. — Il est ainsi conçu : « Les créanciers ayant privilège ou hypothèque inscrite sur un immeuble le suivent en quelques mains qu'il passe, pour être colloqués et payés suivant l'ordre de leurs créances et inscriptions. » Ainsi, l'article 2166 avait suivi les errements de la loi de brumaire. Seulement, avait surgi la question de savoir si l adjectif *inscrite* se rapportait aux hypothèques exclusivement, ou bien s'il s'appliquait aussi aux priviléges. On se prononçait généralement dans ce dernier sens. Il faut aussi remarquer que l'aliénation, même à l'égard des tiers, était consommée, suivant la jurisprudence des tribunaux, les avis du Conseil d'État et l'opinion presque unanime des auteurs, non plus par la transcription, mais par le contrat même. On le décidait ainsi à raison de la disparition inexpliquée de l'article 91 du projet de loi sur les hypothèques, suivant lequel le principe de la transcription avait été admis par les rédacteurs du Code. Ainsi, c'était avant le contrat d'aliénation que l'inscription devait être prise, faute de quoi le droit de suite était perdu. Toutefois, l'on n'était pas d'accord à ce sujet quant au privilége du vendeur. M. Valette soutenait que ce privilége se conservait sans publicité à l'égard du droit de suite comme à l'égard du droit de préférence. Suivant lui, le législateur, en supprimant la nécessité de la transcription, était parti de cette idée, que le contrat d'aliénation devait être réputé connu du public indépendamment de toute mesure spéciale, d'où la conséquence que le sous-acquéreur, qui avait traité avec l'acheteur, avait su que le prix de vente n'était pas payé, et que, partant, le vendeur avait un privilége. Mais d'autres auteurs, invoquant l'intérêt de la libre circulation des biens et celui des tiers acquéreurs, soumettaient à la règle posée par l'article 2166 même le privilége du vendeur.

Article 834 du Code de procédure. — Suivant cet article, les créanciers ayant un privilége ou une hypothèque soumise à l'inscription peuvent indéfiniment s'inscrire tant que l'acte d'aliénation n'a pas été transcrit; ils le peuvent encore dans la quinzaine à partir de la transcription. Telle est la règle générale. Cette innovation a été expliquée dans le sein du Conseil d'État par un motif apparent qui n'est pas le véritable. On a dit : Si l'on ne donne pas aux créanciers un certain délai pour s'inscrire, et que leur droit de suite soit perdu, faute d'une inscription antérieure à l'aliénation, la porte est ouverte à la fraude, le débiteur qui vient de constituer une hypothèque sur un immeuble ou du chef duquel un privilége vient de prendre naissance pouvant aliéner avant que le créancier ait eu le temps de s'inscrire et lui faire encourir déchéance. Le danger n'était vraiment pas sérieux, l'action Paulienne suffisait pour y parer, et, à supposer qu'il ait été véritable, il n'était pas nécessaire de donner la transcription pour point de départ au délai de quinzaine. Il importait seulement de le faire courir à partir de la constitution d'hypothèque ou de la naissance du privilége. L'article 834 C. pr., a été dicté par une pensée fiscale. Dès le moment où il était reconnu que la transcription n'était plus nécessaire pour transférer la propriété à l'égard des tiers, les acheteurs ne faisaient plus transcrire, et le Trésor public perdait à ce système des droits considérables. Il fallait donc trouver une utilité quelconque à la transcription et donner aux acquéreurs un intérêt à y faire procéder. Tel fut le but que se proposèrent les rédacteurs de l'article 834 C. pr., et qu'ils atteignirent en décidant que la transcription mettrait les créanciers hypothécaires ou privilégiés en demeure de s'inscrire dans un délai de quinzaine, faute de quoi leur droit de suite se trouverait perdu.

A ne consulter que le texte de l'article, il n'y aurait que les hypothèques conventionnelles ou judiciaires qui seraient assujetties à la nécessité d'une inscription dans la quinzaine à partir de la transcription, et les hypothèques légales sans exception en seraient affranchies; mais il s'est produit ici, dans l'esprit du législateur, une confusion entre les hypothèques légales et celles dispensées d'inscription. Il a cru que les unes étaient adéquates aux autres, et il est universellement reconnu que notre article s'appliquait très-bien aux hypothèques légales assujetties à la nécessité d'une inscription, et partant, aux hypothèques légales de l'État, des communes et des établissements publics. Il y avait dérogation à la règle posée par l'article 834 C. pr., à l'égard seulement de l'hypothèque légale de la femme mariée, du mineur et de l'interdit.

Quant aux priviléges, ils devaient aussi, en principe, être inscrits dans le délai de quinzaine, à partir de la transcription. Mais l'article 834, C. pr., annonçait deux exceptions : l'une relative au privilége du vendeur, l'autre à celui du copartageant, en ces termes : Sauf les droits résultant au vendeur et aux héritiers des articles 2108 et 2109; seulement il y avait controverse sur le point de savoir quelle était la portée de ces deux dérogations.

En ce qui touche le privilége du vendeur, la jurisprudence pensait que, se conservant quant au droit de préférence, par la transcription faite à une époque quelconque, il devait, quant au droit de suite, être conservé par une transcription faite dans le délai de quinzaine à partir de la transcription de la revente. Et quand on objectait à la jurisprudence que, dans ce systéme, c'était la règle générale et non l'exception posée par la loi qui était appliquée, elle répondait qu'il y avait dérogation à la règle en deux sens : 1° en ce sens que le privilége du vendeur se conservait par une transcription et non par une inscription ; 2° en ce sens que le droit de suite étant perdu faute d'une inscription dans la quinzaine, le droit de préférence se trouvait conservé.

Suivant M. Valette, l'article 2108, C. civ., ayant disparu avec le systéme de la transcription, le renvoi qu'y faisait l'art. 834, C. pr., était sans objet, et le privilége du vendeur se conservait sans publicité, et quant au droit de préférence, et quant au droit de suite. M. Valette proposait cependant un moyen pour ressusciter indirectement l'article 2108. Sous l'empire de l'article 834, C. pr., la question était discutée de savoir si, en cas de plusieurs ventes successives, le dernier acquéreur, qui voulait faire courir le délai de quinzaine contre tous les créanciers de tous les précédents vendeurs, pouvait se contenter de faire transcrire son propre contrat, ou s'il était obligé de faire transcrire tous les contrats antérieurs. Si l'on adopte ce dernier parti, disait M. Valette, le dernier acquéreur prendra lui-même la peine de mettre en lumière le privilége de tous les vendeurs précédents, et, toutes ces transcriptions valant inscription, les vendeurs précédents n'auraient rien à faire pour la conservation de leur privilége, de telle sorte qu'ils échapperont ainsi à la nécessité d'une inscription ou d'une transcription faite par eux-mêmes dans le délai fixé par l'article 384, C. pr.

Quant au privilége du copartageant dans le système de la jurisprudence, il devait être inscrit dans le délai de quinzaine, à partir de la transcription, et le renvoi de l'article 834, C. pr., à l'article 2109, C. civ., signifiait tout simplement que le privilége, perdu quant au droit de suite, faute d'une inscription en temps utile, subsistait néanmoins quant au droit de préférence si les soixante jours, à compter de l'acte de partage, n'étaient pas encore expirés. Suivant d'autres, les copartageants avaient soixante jours pour s'inscrire à compter de l'acte de partage et au point de vue du droit de préférence, et au point de vue du droit de suite.

Toutes ces controverses ont été tranchées par la loi du 23 mars 1855, à laquelle nous arrivons maintenant.

Loi du 23 mars 1855. — L'article 6 de la loi nouvelle contient une règle générale et deux exceptions.

La règle générale, c'est que les créanciers, ayant un privilége ou une hypothèque soumise à la nécessité d'une inscription, doivent les rendre publics avant la transcription. C'est la reproduction formelle du principe posé par la loi du 11 brumaire an VII.

L'application de ce principe est fort simple toutes les fois qu'il n'y a eu qu'une vente. Mais, en cas de plusieurs reventes successives, on s'est demandé si le dernier acheteur était obligé de faire transcrire tous les contrats précédents. On voit se représenter ici la même question que l'on soulevait sous l'empire de l'article 834, C. pr. Mais ce n'est pas dans le même sens. Sous l'empire de l'article 834, C. pr., il s'agissait de savoir si le dernier acheteur était obligé de faire transcrire toutes les ventes antérieures pour faire courir le délai de quinzaine contre les créanciers de tous les vendeurs successifs. Sous l'empire de la loi nouvelle, il s'agit de savoir si l'accomplissement de toutes ces formalités est imposé au dernier acquéreur pour enlever aux créanciers dont il s'agit le droit de s'inscrire. Nous nous prononçons sans hésiter pour l'affirmative, conforme, suivant nous, aux principes élémentaires du droit et à l'esprit général qui a dicté la loi du 23 mars 1855. Nul ne peut transférer à autrui plus de droit qu'il n'en a lui-même. Or le premier acheteur doit faire transcrire son contrat afin de forclore les créanciers hypothécaires ou privilégiés de son vendeur. L'acquéreur auquel il transmet l'immeuble doit donc faire ce qu'il eût été obligé de faire lui-même dans le même but. Si cet acquéreur se contentait de faire transcrire son propre contrat, il n'y aurait forclusion qu'à l'égard des créanciers de son vendeur à lui. De plus, le but que s'est proposé le législateur de 1855, c'est un bon système de publicité, et la transcription du dernier contrat de vente, suffisant pour avertir les créanciers du dernier vendeur, n'avertirait en aucune façon ceux des vendeurs précédents. Lorsque ces derniers se feraient délivrer, par le conservateur des hypothèques, un certificat des transcriptions existantes du chef de leur débiteur, ce certificat ne ferait que constater l'absence de toute aliénation, et, en conséquence, s'imaginant qu'ils ont toujours le droit de s'inscrire, ils seraient nécessairement trompés.

Les deux raisons capitales que nous venons de donner servent à réfuter un système mixte, consistant à dispenser le dernier acheteur de toute transcription autre que celle de son propre contrat, toutes les fois que ce contrat indique la filière de toutes les mutations précédemment opérées.

La règle posée par l'article 6 de la loi nouvelle étant ainsi bien comprise, passons aux deux exceptions que nous avons signalées.

La première concerne le privilège du vendeur. La transcription de la revente consentie par le premier acheteur ne suffit pas pour enlever au vendeur primitif le droit de s'inscrire. Pour qu'une pareille déchéance soit encourue, il faut qu'à cette transcription vienne se joindre cette circonstance, qu'il s'est écoulé un délai de quarante-cinq jours, à compter de l'acte de vente. Pour faire l'application exacte d'une semblable disposition, il faut distinguer les hypothèses.

Première hypothèse. — L'acheteur a revendu après avoir fait transcrire, et le conservateur des hypothèques, se conformant aux prescriptions de l'article 2108 C. civ., a pris l'inscription d'office. Dans ce cas, le privilége du vendeur primitif a été deux fois rendu public. Imposer à ce vendeur la nécessité de prendre une autre inscription dans le délai de quarante-cinq jours à compter de l'acte de vente, ce serait un luxe de publicité complétement inutile. Ce dernier acheteur aura beau à son tour faire transcrire son propre contrat, et quarante-cinq jours, à compter de la vente primitive, auront beau s'écouler, le privilége du premier vendeur restera intact.

Deuxième hypothèse. — L'acheteur a revendu après avoir fait transcrire, mais le conservateur a négligé de prendre l'inscription d'office. Le sous-acquéreur fait transcrire à son tour. La question peut alors s'élever, de savoir si le premier vendeur, pour conserver son droit de suite, doit s'inscrire dans les quarante-cinq jours, à compter de son acte de vente. Nous ne le pensons pas. La transcription faite par le premier acquéreur vaut inscription à l'égard du droit de préférence (art. 2108 C. civ.), et il serait fort étrange qu'elle n'eût pas la même force quant au droit de suite. Il est bien vrai que l'article 6 de la loi du 23 mars 1855 parle d'une inscription ; mais cela tient à ce que la disposition qu'il renferme est commune au privilége du vendeur et à celui du copartageant ; par suite, elle ne tire pas à conséquence.

Troisième hypothèse. — Le premier acheteur a revendu sans avoir fait transcrire ; mais le sous-acheteur, pour enlever le droit de s'inscrire aux créanciers, non-seulement de son vendeur, mais encore du vendeur primitif, fait transcrire les deux contrats de vente, comme nous avons vu qu'il y était obligé. — Alors il prend lui-même le soin de révéler le privilége des deux vendeurs, de telle sorte que le premier n'a rien à faire absolument pour la conservation de son droit de suite.

Quatrième hypothèse. — Le dernier acheteur n'a fait transcrire que son propre contrat. Voilà le cas pour lequel est fait l'article 6 de la loi nouvelle. C'est alors que le vendeur primitif, s'il veut conserver son droit de suite, doit s'inscrire dans le délai de quarante-cinq jours, à compter de l'acte qu'il a passé.

Ainsi, lorsque ce délai se sera écoulé sans inscription de sa part, il ne pourra plus s'inscrire. Au contraire, les créanciers auxquels il aurait consenti des hypothèques avant d'aliéner conservent indéfiniment la faculté de prendre inscription, la revente seule ayant été transcrite. En soi ce résultat n'a rien de bizarre; les créanciers hypothécaires dont il s'agit, désirant savoir s'ils sont encore à temps de s'inscrire, demanderont au conservateur un certificat des transcriptions qui peuvent exister du chef du vendeur primitif, et, voyant qu'il n'y en a pas, ils pourraient s'endormir dans une fausse sécurité, rien ne les avertissant de la vente consentie par leur débiteur. C'est ce que la loi n'a pas voulu. Mais leur débiteur, lui, requérant du conservateur un certificat de transcription du chef de son acheteur, y verra nécessairement la revente qui a été transcrite, et il saura que, s'il laisse s'écouler les quarante-cinq jours fixés par la loi, il sera forclos.

Modifions l'hypothèse précédente. Le premier vendeur laisse passer le temps prescrit sans s'inscrire. Après l'expiration des quarante-cinq jours, il constitue des hypothèques sur l'immeuble revendu. Nul doute que ces hypothèques ne soient parfaitement valables; la vente primitive n'ayant pas été transcrite, le premier acheteur n'est pas devenu propriétaire à l'égard des tiers, et il n'a pu transmettre au dernier des droits qu'il n'avait pas. Nul doute aussi que les inscriptions prises par les créanciers en question ne le soient valablement. Voilà donc un vendeur qui a perdu son droit de suite, et qui, néanmoins, a conservé la faculté de constituer des hypothèques. Cette situation ne présente encore rien d'étrange, le vendeur a été averti par la transcription de la revente. Au contraire, malgré cette transcription, les créanciers dont il s'agit ont dû croire que l'immeuble était resté entre les mains de leur débiteur. Le motif est toujours le même. Requérant un certificat de transcription du chef du débiteur, ils y verront l'absence de toute transcription à cet égard, et, si les hypothèques qui leur ont été concédées étaient nulles, ils seraient évidemment trompés.

Ce n'est donc pas en comparant la position du vendeur à celle de ses créanciers que l'on peut critiquer l'article 6 de la loi du 23 mars 1855. Mais, considérée en elle-même, cette disposition est bien difficile à justifier. Si, au lieu d'aliéner l'immeuble, l'acheteur s'était contenté de le grever de servitudes ou d'hypothèques, les tiers qui auraient traité avec lui auraient beau faire transcrire les actes constitutifs de servitude ou inscrire les hypothèques, le vendeur conserverait indéfiniment vis-à-vis d'eux le droit de s'inscrire. Pourquoi? Par la raison qu'ils sont en faute de s'être mis en relation avec l'acheteur sans exiger au préalable que celui-ci fit transcrire. Ils devaient parfaitement savoir que les droits qui leur étaient concédés étaient abandonnés à la discrétion du vendeur, qui pouvait les faire évanouir en aliénant l'immeuble au profit d'un deuxième acquéreur plus diligent que le premier. Si donc le vendeur n'a rien à craindre de simples constitutions de servitudes ou d'hypothèques, comment expliquer qu'il en soit autrement des aliénations? Est-ce que les sous-acquéreurs ne commettent pas aussi une imprudence, dont ils devraient subir la responsabilité? En traitant avec un homme qui n'a pas fait transcrire son titre, ne savent-ils pas que, si le vendeur primitif le veut, il pourra mettre à néant la mutation qui s'est accomplie à leur profit en consentant d'autres mutations au profit d'autres acquéreurs; et, s'ils ont spéculé sur la négligence de ce vendeur, s'ils ont compté, pour la consolidation de leurs droits, qu'il perdrait son privilége en ne s'inscrivant pas dans le délai fixé, ne sont-ils pas des gens de mauvaise foi? En vain dit-on que, pour favoriser la libre circulation des biens, le législateur, en mainte circonstance, a accordé aux tiers acquéreurs une faveur plus grande qu'à ceux qui ont acquis de simples droits réels. Lorsqu'il en est ainsi, la loi, du moins, ne perd pas de vue l'intérêt de ceux qui, sans l'aliénation, auraient un droit à l'immeuble. Par exemple, le rapport en moins prenant indemnisera les cohéritiers du donataire du rapport en nature qu'ils ne peuvent pas exercer ; de même, en cas de réduction, les héritiers à réserve seront renvoyés à discuter les autres biens du donataire, et, s'ils n'y trouvent pas leur réserve intacte, ils auront le droit de revenir contre le tiers acquéreur. Mais, dans l'article 6 de la loi nouvelle, l'intérêt du vendeur est sacrifié sans compensation à celui de tiers qui ont été très-imprudents, à supposer qu'ils n'aient pas été de mauvaise foi. L'acheteur qui n'a pas fait transcrire est bien devenu propriétaire à l'égard du vendeur, mais sauf le privilége de ce dernier. En d'autres termes, le droit de propriété qui lui a été transmis n'est pas complet, et il n'a pu transmettre à autrui que ce qu'il a reçu lui-même. En faisant transcrire la revente, le sous-acquéreur a rendu publique la mutation qui s'est opérée à son profit, c'est-à-dire une mutation incomplète comme celle qui s'est opérée au profit de son auteur. Il est vrai que le débiteur qui aliène l'immeuble grevé d'hypothèque ne le cède que sous l'affectation du droit réel appartenant au créancier, ce qui n'empêche pas que celui-ci ne soit obligé, s'il ne veut encourir déchéance, de s'inscrire avant la transcription. Mais cette objection ne prouve rien, parce qu'elle tend à trop prouver. Si l'on veut mettre sur la même ligne le vendeur et le simple créancier hypothécaire, pourquoi ne pas décider que le premier perd son privilége s'il ne prend pas inscription avant que la revente soit transcrite, et pourquoi lui accorder un délai de quarante-cinq jours à compter de la vente? Le prêteur de deniers, a-t-on dit, a le moyen d'éviter la forclusion, c'est de ne pas se dessaisir de la somme prêtée avant de s'être assuré qu'il n'y avait pas de transcription du chef de l'emprunteur ; tandis que le vendeur, lui, ne peut pas retenir le droit de propriété, qu'il transmet à l'acheteur par l'effet même du contrat. Mais on peut répondre que le vendeur n'a qu'à faire insérer dans l'acte une clause portant que l'acheteur deviendra propriétaire à l'époque seulement où il aura fait transcrire et mis ainsi en lumière le privilége. Il faut reconnaître que le privilége du vendeur devrait pouvoir se conserver sans inscription, lorsque la revente seule a été transcrite. Le sous-acquéreur a un moyen très-simple pour le connaître, c'est de se faire représenter le contrat de l'acheteur. Au contraire, le tiers qui traite avec un débiteur n'a pas d'autre voie pour être informé de l'existence d'une hypothèque que par l'inscription. Il n'y a donc rien de plus naturel que de déclarer le créancier déchu du droit de suite, s'il ne s'est pas inscrit avant la transcription; tandis qu'il n'y a aucun motif pour soumettre le vendeur à la même nécessité, ni même à celle d'une inscription dans les quarante-cinq jours à compter de l'acte de vente.

La deuxième des exceptions énoncées dans l'article 6 de la loi nouvelle est relative au privilége du copartageant, dont la conservation, quant au droit de suite, dépend aussi d'une inscription prise dans les quarante-cinq jours, à compter de l'acte de partage.

L'article 6 de la loi du 23 mars 1855 est complétement étranger aux hypothèques légales dispensées d'inscription. Comme sous l'empire de l'article 834 C. pr., elles continuent à être régies par l'article 2194 C. civ.; pour qu'elles soient conservées au point de vue du droit de suite, il suffit qu'elles soient inscrites dans les deux mois que dure l'exposition du contrat, et ce n'est qu'à défaut d'une inscription dans ce délai que l'immeuble passe entre les mains du tiers acquéreur, affranchi d'hypothèque du chef des femmes, mineurs et interdits.

II. — ALIÉNATION FORCÉE.

L'aliénation forcée se produit dans le cas d'expropriation pour cause d'utilité publique, et dans le cas de saisie. Nous avons vu que l'expropriation pour cause d'utilité publique enlevait aux créanciers non-seulement le droit de s'inscrire au point de vue du droit de suite, mais encore destituait de ce droit même les hypothèques et les priviléges inscrits. Nous avons vu également que l'aliénation sur saisie purgeait par elle-même les priviléges et les hypothèques, quand la formalité de l'inscription avait été remplie; nous n'avons pas à revenir sur tous ces points. Il nous reste seulement à dire qu'en ce qui touche les hypothèques légales dispensées d'inscription et non encore inscrites, la loi du 21 mai 1858, sur les ordres, est venue couper court, par une nouvelle rédaction de l'article 717 du Code de procédure, à une difficulté qui s'élevait antérieurement, alors qu'il s'agissait de savoir si l'aliénation sur saisie opérait par elle-même la purge des hypothèques en question. Il est aujourd'hui législativement décidé que l'immeuble passe entre les mains de l'adjudicataire franc et quitte de toute hypothèque du chef des femmes, des mineurs et des interdits.

SECTION DEUXIÈME.

La perte du droit de s'inscrire au point de vue du droit de suite entraîne-t-elle celle du droit de s'inscrire au point de vue du droit de préférence?

En principe, la réponse affirmative à la question qui précède n'est pas douteuse; mais il y a des cas dans lesquels la solution contraire doit être admise. De ces cas, les uns sont formellement prévus par la loi, et dans les autres la décision à donner doit être calquée, par voie d'analogie, sur celle que donne le législateur lui-même.

I. — Voyons d'abord les cas de la première catégorie. Nous ne reviendrons pas sur ce que nous avons déjà dit de l'hypothèse prévue par l'article 2198. On y suppose une hypothèque inscrite, mais dont l'inscription est omise dans le certificat délivré au tiers acquéreur, tandis que nous nous occupons de rechercher les circonstances dans lesquelles il y a perte du droit de s'inscrire; toutefois l'article 2198 doit être rappelé ici, parce qu'il sert de jalon lorsqu'on veut suivre la route tracée par la loi, et se faire une idée exacte de la survivance du droit de préférence, quand le droit de suite est perdu.

L'expropriation pour cause d'utilité publique fait disparaître, avons-nous dit, le droit de suite, lors même que les priviléges et les hypothèques ont été inscrits. Pour être exact, il faut se demander, non point si les créanciers peuvent encore s'inscrire quant au droit de préférence, quoiqu'ils aient perdu cette faculté quant au droit de suite, mais bien si la perte du droit de suite entraîne pour eux déchéance de la faculté de prendre inscription pour la conservation du droit de préférence. Que ce droit de préférence soit conservé quand l'inscription a eu lieu, cela ne fait l'objet d'aucun doute; la loi du 3 mai 1841, dans son article 17, va même plus loin : elle donne au créancier le droit de s'inscrire dans le délai de quinzaine à partir de la transcription du jugement d'expropriation. Cette disposition est-elle toujours en vigueur, ou bien a-t-elle été abrogée par l'article 6 de la loi du 23 mars 1855? Nous pensons qu'elle subsiste toujours. Les lois générales ne dérogent pas aux lois spéciales, et, en soumettant les priviléges et les hypothèques à la nécessité d'une inscription antérieure à la transcription, l'article 6 de la loi nouvelle a parlé seulement de la transcription des aliénations volontaires. Ajoutons que si cet article fait encourir déchéance au créancier, c'est dans l'intérêt des tiers acquéreurs. Or l'inscription dont il s'agit dans l'article 17 de la loi du 3 mai 1841 a trait à la conservation du droit de préférence.

Du reste, ce délai de quinzaine ne concerne en aucune façon les hypothèques légales dispensées d'inscription; elles subsistent sur le montant de l'indemnité tant qu'elle n'a pas été payée, ou que l'ordre n'a pas été définitivement réglé entre les créanciers.

La question de savoir si, à défaut d'inscription dans le délai fixé par l'article 2195, les hypothèques légales de la femme, du mineur et de l'interdit subsistent en ce qui touche le droit de préférence, était autrefois controversée. La Cour de Cassation avait consacré la négative, mais la majorité des cours et des auteurs résistait énergiquement à cette jurisprudence ; on admettait toutefois ce tempérament, que le droit de préférence lui-même était anéanti à défaut d'inscription, si la femme, le mineur ou l'interdit ne se présentait qu'après payement, délégation régulière du prix ou sa distribution entre les autres créanciers; mais la loi du 21 mai 1858 a, d'une part, législativement tranché toute controverse, en décidant que le droit de préférence survivait au droit de suite, et, d'autre part, a circonscrit dans des limites étroites le tempérament autrefois adopté. Ainsi, en cas d'aliénation volontaire, les créanciers à hypothèques légales qui n'ont pas fait inscrire leurs hypothèques dans le délai fixé par l'article 2195 du Code Napoléon ne peuvent exercer le droit de préférence sur le prix qu'autant qu'un ordre est ouvert dans les trois mois qui suivent l'expiration de ce délai, et sous la condition déterminée par la dernière disposition de l'article 717 du C. de proc. (art. 772, Nouv. C. proc.). En cas d'aliénation sur saisie, les créanciers à hypothèque légale qui n'ont pas fait inscrire leur hypothèque avant la transcription du jugement d'adjudication, ne conservent de droit de préférence sur le prix qu'à la condition de produire, avant l'expiration du délai fixé par l'article 754 du C. de proc., dans le cas où l'ordre se règle judiciairement, et de faire valoir leurs droits avant la clôture, si l'ordre se règle amiablement, conformément aux articles 751, 752 (717 C. proc.).

II. — Arrivons aux cas qui ne sont pas formellement prévus par la loi; ils se réfèrent aux priviléges généraux énumérés dans l'article 2101, à celui du vendeur d'immeubles, à celui des copartageants, enfin aux deux priviléges du trésor, qui sont soumis à une inscription rétroactive.

L'idée générale qui doit dominer dans tous les cas, c'est que le droit de préférence et le droit de suite sont deux choses tout à fait distinctes, que celui de ces deux droits qui est essentiel est le droit de préférence, et qu'il peut très-bien subsister sans l'autre. Ajoutons qu'en se prononçant à ce sujet d'une manière formelle dans certaines hypothèses spéciales, le législateur n'a pas voulu établir des exceptions, mais faire l'application d'un principe sous-entendu dans son esprit.

En ce qui touche les priviléges généraux dispensés d'inscription, comme le sont certaines hypothèques légales, on ne voit pas pourquoi l'on admettrait une différence entre eux et les hypothèques, et pour quelle raison l'on déciderait qu'ils sont anéantis pour le droit de préférence quand ils le sont pour le droit de suite, alors que la loi du 21 mai 1858 décide que la femme, le mineur et l'interdit, déchus du droit de s'inscrire à l'encontre des tiers acquéreurs, peuvent néanmoins, sous certaines restrictions, venir encore se faire colloquer sur le prix.

A l'égard du privilége du vendeur d'immeubles, l'article 6 de la loi du 23 mars 1855 ne le soumet à la nécessité d'une inscription, dans le délai de quarante-cinq jours, à compter de l'acte de vente, que dans l'intérêt des sous-acquéreurs. Quant aux autres créanciers de l'acheteur, celui-ci n'a pu par aucun acte porter atteinte en leur faveur au privilége; car, de deux choses l'une, ou il a fait transcrire, et alors il a lui-même rendu le privilége public; ou il n'a pas fait transcrire, et ses ayants cause sont en faute d'avoir traité avec lui. Il faut conclure de là que le délai de quarante-cinq jours étant expiré sans inscription, le vendeur conserve néanmoins le droit de se faire colloquer par préférence à tous autres sur le prix de la revente en faisant transcrire son propre contrat ou en prenant une inscription.

Les mêmes raisons doivent faire donner une solution identique pour le privilége des copartageants déchus du droit de suite pour ne pas s'être inscrits dans les quarante-cinq jours à compter de l'acte de partage (art. 6 de la loi nouvelle); ils peuvent encore par une inscription conserver le droit de préférence, s'il ne s'est pas encore écoulé soixante jours, à compter de l'acte de partage (art. 2109 C. civ).

Il faut, par voie d'analogie, mettre sur la même ligne les deux priviléges du trésor qui sont soumis à une inscription rétroactive comme celle du privilége des copartageants.

QUATRIÈME PARTIE.

Les événements qui respectent le privilége ou l'hypothèque peuvent être conçus de deux façons différentes : le rang peut être perdu d'une manière absolue ou d'une manière relative.

CHAPITRE PREMIER.

PERTE ABSOLUE DU RANG.

La perte absolue du rang se produit dans deux circonstances. Il est possible d'abord que le rang soit perdu faute d'une inscription dans un certain délai ; ensuite qu'il le soit par la péremption d'une inscription déjà prise.

La première hypothèse se présente soit dans le cas où les priviléges spéciaux sur les immeubles dégénèrent en une hypothèque simple, faute d'avoir été rendus publics dans le délai déterminé par la loi (art. 2113 C. civ.), soit dans le cas où la femme mariée, le mineur et l'interdit laissent s'écouler un an à partir du moment où leur incapacité a cessé sans prendre inscription. (Loi du 23 mars 1855, art. 8.)

La deuxième hypothèse a lieu, soit dans le cas où le créancier voudrait se faire colloquer au même rang que son capital pour plus de trois années d'intérêt (art. 2151 C. civ.), soit dans le cas où l'inscription n'a pas été renouvelée dans les dix ans (art. 2154).

SECTION PREMIÈRE.

Perte du rang par suite d'un défaut d'inscription dans un certain délai.

I. — PERTE DU RANG DES PRIVILÉGES SPÉCIAUX SUR LES IMMEUBLES.

Les priviléges spéciaux sur les immeubles se divisent en deux classes, suivant qu'ils reposent sur l'idée d'un droit réel retenu par l'aliénateur au moment même de l'aliénation, ou qu'ils se fondent sur toute autre idée.

Les premiers doivent être rendus publics au moment même où ils naissent. Telle est la règle posée par l'art. 2106, faute de quoi ils dégénèrent en une hypothèque simple.

Toutefois cette idée ne peut pas s'appliquer au privilége du vendeur. Le système de la transcription ayant été ressuscité par la loi du 23 mars 1855, c'est à l'instant où cette formalité se trouve remplie que l'immeuble entre dans le patrimoine de l'acheteur vis-à-vis des tiers, et c'est alors aussi que se revèle l'existence du privilége. La transcription faite par l'acheteur vaut en effet inscription, sauf l'inscription d'office, que doit prendre le conservateur sous sa responsabilité personnelle (art. 2108). Ainsi, quand l'acheteur a fait transcrire, le vendeur a son rang assuré, et il prime les créanciers de l'acheteur qui ont des hypothèques générales antérieures à la transcription, ou ceux auxquels l'acheteur a consenti des hypothèques le jour même de la transcription, bien qu'elles aient été inscrites ce jour-là, et enfin ceux en faveur desquels ils a été constitué des hypothèques postérieures. Mais, vis-à-vis de ceux-là, le vendeur n'a pas besoin de privilége, une simple hypothèque légale lui suffirait en vertu de la règle : *Prior tempore, potior jure*. Que si la transcription n'a pas eu lieu, le vendeur, dans ce cas non plus, n'a pas à craindre de perdre son rang, car les ayants cause de l'acheteur sont en faute d'avoir traité avec lui avant qu'il ait fait transcrire.

Mais, si la dégénérescence du privilége en une hypothèque simple ne peut pas se produire quant au privilége du vendeur, il n'en est pas de même du privilége accordé aux créateurs de plus-value, à moins que l'on n'adopte le système de la jurisprudence, suivant lequel ce privilége est conservé par l'inscription des deux procès-verbaux d'estimation faite à quelque époque que ce soit. Mais cette interprétation de l'article 2110 doit être repoussée comme tout à fait contraire au principe de publicité. Il reste donc à opter entre deux autres solutions.

La première, c'est que l'inscription, prise à quelque époque que ce soit, assure au créancier un droit de priorité à l'encontre des hypothèques antérieures au commencement des travaux. Mais, à l'égard des hypothèques postérieures à cette époque, le privilége sera déterminé par la date de l'inscription. Ainsi, faute d'avoir été rendu public le jour où il est né, le privilége des créateurs de plus-value a perdu son rang à l'égard de certaines hypothèques.

Suivant nous, cette solution ne doit pas être admise. La distinction sur laquelle elle repose n'est revêtue qu'en apparence d'un caractère de justice. On part de cette idée, que les créanciers hypothécaires, antérieurs aux travaux, n'ont pas dû compter sur la plus-value, tandis qu'il en est tout autrement des créanciers hypothécaires postérieurs. Cela est vrai si l'on se place à l'époque où les créanciers antérieurs ont traité avec le débiteur commun. A ce moment, sans doute, ils n'ont pas pu considérer comme leur gage une plus-value qui n'existait pas encore. Mais cela n'est pas exact si l'on se reporte à l'époque où la plus-value a été créée. Les créanciers antérieurs, qui ont vu cette plus-value entrer dans le patrimoine du débiteur, sans que rien les ait avertis qu'elle y entrait sous la déduction du privilége, ont dû croire que leur hypothèque prenait la même extension que l'immeuble, et il n'y a pas à distinguer ici entre les hypothèques générales et les hypothèques spéciales, ces dernières s'étendant à toutes les améliorations survenues (art. 2133 C. civ.). Ajoutons que les créanciers antérieurs aux travaux, primant les créanciers postérieurs, doivent à plus forte raison primer les créateurs de plus-value, puisque ceux-ci sont primés par les créanciers postérieurs : *Si vinco vincente te, a fortiori vinco te.* Autrement on vient se heurter contre des difficultés inextricables de collocation.

La dernière des solutions par nous annoncées, c'est que le privilége des créateurs de plus-value conserve son rang de privilége à l'égard de tout le monde, si la mesure destinée à le rendre public en accompagne la naissance, et d'une manière plus spéciale si l'inscription du premier procès-verbal précède le commencement des travaux, celle du deuxième procès-verbal étant laissée à la diligence du débiteur, qui est intéressé à la faire opérer le plus tôt possible pour ménager son crédit. S'il n'y a pas concomitance entre la publicité et la création du privilége, celui-ci perd son rang pour être réduit au rang d'une hypothèque simple, et cela sans distinguer entre les créanciers antérieurs et les créanciers postérieurs aux travaux. Cette façon d'entendre l'article 2110 est conforme aux traditions de la loi du 11 brumaire an VII, et, de plus, à la règle posée par l'article 2106 ; elle réalise en outre toutes les conditions d'un bon système de publicité.

Le privilége du vendeur et celui des créateurs de plus-value sont les seuls qui doivent être rendus publics au moment même où ils naissent.

Le privilége du copartageant naissant le jour même de l'ouverture de la succession, il était impossible d'exiger qu'il fût inscrit ce jour-là. On ne pouvait exiger non plus qu'il le fût immédiatement après le partage. Il faut laisser aux parties le temps de se reconnaître et de se rendre compte de leurs droits respectifs ; aussi la loi leur donne-t-elle un délai de soixante jours, à compter de l'acte de partage. Et ce n'est qu'à défaut d'une inscription dans ce délai que le privilége dégénère en une hypothèque simple (art. 2109 et 2113 C. civ.).

Quant à la séparation des patrimoines, la question est débattue de savoir si elle constitue ou non un véritable privilége. Il n'entre pas dans notre sujet de prendre parti dans ce débat; disons seulement que, dans l'opinion de ceux qui regardent la séparation des patrimoines comme un privilége, l'inscription ne pourra la conserver comme tel que si elle a lieu dans le délai de six mois à compter de l'ouverture de la succession. Inscrite plus tard, elle serait une hypothèque simple (art. 2111 et 2113 C. civ.).

Si, au contraire, elle n'est pas un privilége, l'article 2113 lui est complétement inapplicable.

Ce que nous venons de dire des priviléges soumis à une inscription rétroactive, il faut le dire également des priviléges du trésor public qui doivent et peuvent être inscrits dans les deux mois à partir de leur naissance.

Perte du rang des hypothèques qui, en règle générale, sont dispensées d'inscription. — Lorsque l'incapacité de la femme mariée, du mineur et de l'interdit vient à cesser, la cause qui les affranchissait de la nécessité d'une inscription cesse aussi, et il n'y a plus de raison pour les soustraire à l'empire du droit commun. Toutefois, les rédacteurs du Code n'avaient pas tenu compte de cette considération, et la dispense d'inscription subsistait même après que le motif sur lequel cette dispense était fondée avait disparu. Cette lacune a été comblée par l'article 8 de la loi du 23 mars 1855.

D'après la loi nouvelle, les hypothèques légales dont nous parlons doivent être inscrites dans le délai d'un an, à compter de la dissolution du mariage ou de la cessation de la tutelle, moyennant quoi elles remontent à la date que leur assigne l'article 2135 du Code civil; mais faute de quoi elles perdent leur rang pour être colloquées à la date de l'inscription, et encore faut-il que cette inscription soit prise, quant au droit de préférence, avant les événements indiqués dans l'article 2146, et, quant au droit de suite, avant la transcription de l'acte d'aliénation. (Loi nouvelle, art. 6.)

Telle est l'idée générale du système nouveau. En voici l'application dans les différentes hypothèses qui peuvent surgir. Et tout d'abord, parlons de l'hypothèque de la femme.

Plusieurs cas peuvent se présenter :

1° Le mariage s'est dissous par le prédécès du mari. — L'obligation de prendre inscription dans le délai d'un an naît alors à la charge de la femme, qui le transmet à ses héritiers si elle vient à décéder avant l'expiration du temps prescrit. La loi nouvelle fait allusion à ce cas, lorsqu'elle soumet à la nécessité d'une inscription dans le cours de l'année la femme veuve ou ses héritiers.

2° Le mariage s'est dissous par le prédécès de la femme. — Si les héritiers qu'elle laisse sont majeurs, il n'y a pas de raison pour les affranchir d'une inscription que la femme elle-même aurait été obligée de prendre si elle eût survécu. S'ils sont mineurs, l'inscription dans l'année doit être prise par leur tuteur sous sa responsabilité personnelle, faute de quoi le rang se trouvera perdu, à moins que le tuteur ne soit précisément le mari, auquel cas il y a lieu de les protéger contre la négligence de celui-ci tant que la minorité durera.

Passons à l'hypothèque légale du mineur ou de l'interdit.

Des distinctions sont encore ici nécessaires :

1° La tutelle finit *ex parte minoris*, soit par la majorité, soit par l'émancipation, soit par le décès du mineur. En cas de majorité, l'application de l'article 8 de la loi nouvelle est évidente. Il en est de même en cas d'émancipation, le mineur recouvre alors la libre administration de ses biens, et il peut prendre inscription sans l'assistance de son curateur. En cas de mort, si les héritiers laissés par le mineur sont majeurs, ils s'exposent à perdre leur rang s'ils ne s'inscrivent pas dans l'année. S'ils sont mineurs, leur tuteur devra, sous peine de dommages et intérêts, s'inscrire pour eux, à moins qu'ils ne soient placés sous la tutelle de celui sur les biens duquel existe l'hypothèque légale, auquel cas l'article 8 de la loi nouvelle ne recevra pas d'application.

2° La tutelle finit *ex parte tutoris*. La raison de douter qui pourrait s'élever ici contre l'application de la loi nouvelle, c'est que l'inscription peut être prise sur les biens de l'ex-tuteur par le tuteur nouveau. Mais le texte de la loi fournit une raison de décider en faveur du mineur. Dans ce cas, en effet, il n'y a pas cessation de tutelle.

SECTION DEUXIÈME.

Péremption de l'inscription.

Péremption de l'inscription en ce qui touche les intérêts de la créance hypothécaire. — Suivant l'article 2151 du Code civil, le créancier inscrit pour un capital produisant intérêt ou arrérage, a droit d'être colloqué pour deux années seulement et pour l'année courante au même rang d'hypothèque que pour son capital, sans préjudice des inscriptions particulières à prendre portant hypothèque, à compter de leur date pour les arrérages autres que ceux conservés par la première inscription.

Le législateur avait ici à éviter deux exagérations en sens inverse. Décider que l'inscription ne conservait le rang de l'hypothèque que pour le capital, c'eût été mettre le créancier dans la nécessité de poursuivre à outrance le débiteur. Décider, au contraire, que le créancier serait colloqué pour tous les intérêts qui peuvent lui être dus au même rang que pour le capital, c'eût été tromper les tiers, qui ne doivent pas s'être attendus à une trop longue indulgence de sa part. De là le système mixte qui a été consacré par l'article 2151 C. civ.

Ainsi l'inscription assure le rang de l'hypothèque à la même date, pour deux années d'intérêts et l'année courante et pour le capital, et il y a lieu d'appliquer l'article 2151, quelles que soient les deux années et l'année courante dont il s'agisse, et non pas seulement quand il est question de deux années et de l'année courante comptées à partir de l'inscription.

Quant au point de savoir quelle est l'année courante, c'est

celle qui est en train de courir au moment où le créancier exerce son hypothèque, c'est-à-dire, en cas de saisie, au moment de la saisie, si le saisissant est seul; au moment de la transcription de la saisie s'il y a plusieurs créanciers hypothécaires; et, en cas d'aliénation volontaire, lors de la sommation adressée au tiers détenteur de délaisser, si mieux il n'aime payer, à moins qu'il n'ait procédé à la purge, auquel cas c'est à l'époque des offres qu'il faut se placer.

De ce qui précède il suit que le rang de l'hypothèque est perdu pour les intérêts qui peuvent être dus pour plus de deux ans et l'année courante. A cet égard l'hypothèque tombe dans un rang inférieur déterminé par la date des inscriptions particulières.

La règle posée par l'article 2151 s'applique aux hypothèques conventionnelles et aux hypothèques judiciaires, mais non aux hypothèques de l'État, des communes et des établissements publics, par la raison qu'il n'est pas nécessaire d'évaluer approximativement dans l'inscription le montant de la créance (art. 2153 C. c.).

En ce qui concerne les hypothèques légales dispensées d'inscription, il n'y a pas non plus lieu de faire l'application de l'article 2151 tant que dure la dispense, c'est-à-dire pendant le mariage ou la tutelle, et un an encore après la dissolution du premier et l'expiration de la deuxième. Mais une fois que la dispense cesse, et que l'inscription prise détermine le rang à compter de sa date, la disposition de l'article 2151 reprend son empire.

Mais il y a plus de difficulté pour savoir si le rang des privilèges spéciaux sur les immeubles est conservé par la première inscription, non-seulement pour le capital, mais encore pour tous les intérêts qui peuvent être dus. L'opinion dominante en jurisprudence et en doctrine, c'est que l'article 2151 n'a été fait que pour les hypothèques simples. Les accessoires, dit-on, suivent le sort du principal, à moins qu'il n'ait été dérogé à cette règle élémentaire par une disposition formelle qu'on ne rencontre pas ici. On ajoute que cette considération est singulièrement fortifiée par le texte même de l'article 2151. En effet, les inscriptions particulières à prendre pour la conservation des intérêts dus, pour plus de deux ans et l'année courante ne produisent d'effet qu'à compter de leur date; ce qui répugne essentiellement à la nature du privilége dont le rang est déterminé par la qualité de la créance.

Nous ne partageons pas cette opinion. Les accessoires suivent le sort du principal, sans doute, mais il peut être fait exception à ce principe par un texte de loi, et cette exception, on la rencontre précisément dans l'article 2151. Dans le langage même du législateur, les priviléges spéciaux sur les immeubles sont des hypothèques privilégiées. La preuve en est dans l'article 2113, suivant lequel ces priviléges dégénèrent en une hypothèque simple, faute d'avoir été inscrits dans un certain délai. De plus, l'article 2151 est placé sous la rubrique du mode de l'inscription des priviléges et hypothèques, et s'il ne contient que le mot hypothèque, c'est parce que la rubrique même permettait aux rédacteurs du Code d'abréger. C'est ainsi que le chapitre VI est intitulé : *Des priviléges et des hypothèques contre les tiers détenteurs;* et cependant il est impossible de trouver dans les articles qui suivent une seule disposition qui place textuellement les priviléges sur la même ligne que les hypothèques, sans que personne ait songé à tirer de là quelque induction pour en conclure que le chapitre n'avait pas d'application aux hypothèques privilégiées. Quant à l'argument tiré de ce que les inscriptions particulières, dont parle l'article 2151, produisent effet seulement à compter de leur date, il n'est pas non plus concluant. Il en résulte seulement que les priviléges spéciaux sur les immeubles dégénèrent en une hypothèque simple, en ce qui touche les intérêts non susceptibles d'être conservés par la première inscription, et cette dégénérescence, qui a lieu dans bien d'autres cas (art. 2113), n'a rien d'étonnant quant à l'application aux priviléges de l'article 2151, parce qu'il n'y a aucune raison de faire une distinction entre les hypothèques simples et les hypothèques privilégiées.

Péremption de l'inscription pour défaut de renouvellement dé-

cennal. — Aux termes de l'article 2154, les inscriptions conservent l'hypothèque et le privilége (lisons le rang de l'hypothèque et du privilége) pendant dix années, à compter du jour de leur date; leur effet cesse, si les inscriptions n'ont été renouvelées avant l'expiration de ce délai.

Trois motifs ont été proposés pour rendre compte de cette disposition :

1° Il faut éviter les difficultés des recherches ;

2° L'inscription conservée sans renouvellement amènerait l'encombrement des registres ;

3° La péremption de l'inscription pour défaut de renouvellement décennal évite des frais de radiation, lorsque l'hypothèque se trouve éteinte par une cause quelconque.

Les deux premières raisons sont sans portée ; nous aurons l'occasion, en effet, de dire que le renouvellement de l'inscription ne détruit pas la nécessité de recourir aux anciens registres, de telle sorte que l'encombrement a lieu malgré l'article 2154. Et, quant à la difficulté des recherches, il serait très-facile de s'y soustraire, au moyen d'une table dressée avec soin. Reste donc la petite utilité pratique signalée en dernier lieu, et qui n'a point paru suffisante à certaines législations, qui n'ont pas reproduit la disposition de l'article 2154.

Quoi qu'il en soit, nous avons à voir : 1° à quelles hypothèques, soit simples, soit privilégiées, s'applique l'article 2154; 2° comment il faut calculer le délai de dix ans; 3° quelles sont les formalités à suivre pour renouveler l'inscription; 4° s'il n'arrive pas une époque qui vienne soustraire le créancier à l'obligation de renouveler.

1° Quelles sont les hypothèques, soit simples, soit privilégiées, auxquelles s'applique l'article 2154 ?

Sur ce point, la solution est fournie par l'avis du conseil d'État des 15 décembre 1807 et 22 janvier 1808.

Toute inscription doit être renouvelée avant l'expiration du délai de dix ans. C'est la reproduction pure et simple de la règle énoncée dans l'article 2154.

Lorsque l'inscription a été nécessaire pour opérer l'hypothèque, le renouvellement est nécessaire pour sa conservation. Ainsi doit être renouvelée l'inscription des hypothèques conventionnelles, des hypothèques judiciaires et des hypothèques légales assujetties à cette formalité.

Lorsque l'hypothèque existe indépendamment de l'inscription, et que celle-ci n'est ordonnée que sous des peines particulières, ceux qui ont dû la faire doivent la renouveler sous les mêmes peines. Ceci s'applique à l'hypothèque de la femme, du mineur et de l'interdit tant que le mariage ou la tutelle subsiste. Mais, après la dissolution du mariage ou l'expiration de la tutelle, l'inscription prise, soit avant, soit après la fin du délai d'un an, en exécution de la loi du 23 mars 1855, art. 8, est soumise au renouvellement décennal.

Enfin, lorsque l'inscription a dû être prise d'office par le conservateur, elle doit être renouvelée par le créancier, qui y a intérêt. Ainsi ce n'est point la transcription valant inscription à l'égard du privilége du vendeur qui doit être renouvelée, c'est l'inscription d'office que le conservateur a dû prendre sous sa responsabilité personnelle, aux termes de l'article 2108. Mais quelle sera la conséquence du défaut de renouvellement? Ce qu'il y a de certain, c'est que ce n'est point au conservateur à renouveler l'inscription d'office. Cette charge incombe au vendeur; seulement, s'il ne s'y conforme pas, le rang du privilége sera-t-il perdu? Cela serait fort bizarre. L'on ne concevrait pas que la transcription valût inscription, que l'inscription d'office ne fût pas nécessaire pour la conservation du privilége, et que son renouvellement le fût. Tout ce qu'a voulu dire le conseil d'État, c'est que le conservateur, qui encourt des dommages-intérêts vis-à-vis des tiers, s'il ne prend pas l'inscription d'office, est affranchi de toute responsabilité s'il ne la renouvelle pas.

2° Comment faut-il calculer le délai de dix ans?

Certaines personnes pensent que le *dies a quo* et le *dies ad quem* sont compris dans le délai. Cette opinion doit être repousée, parce qu'il ne serait plus vrai de dire que le créancier a dix ans pour renouveler.

Dans un autre système, on ne doit compter ni le *dies a quo* ni le *dies ad quem*. Ce système, fondé sur l'article 1033 du Code de procédure, doit encore être repoussé. D'une part, les dix ans dont il est question dans l'article 2154 ne constituent pas un délai de procédure ; d'autre part, le créancier aurait, contrairement à la disposition textuelle de la loi, plus de dix ans pour renouveler.

Il faut, ce nous semble, embrasser dans la supputation le *dies a quo*, mais non le *dies ad quem*. Nous y comprenons le *dies a quo*, parce que l'inscription prise le soir produisant en faveur du créancier le même effet qu'une inscription prise le matin (art. 2147), doit aussi produire le même effet contre lui.

3° Formalités à remplir pour renouveler l'inscription.

L'inscription nouvelle, prise en exécution de l'article 2154, doit nécessairement se rattacher à l'inscription renouvelée. Autrement, elle ne produirait effet qu'à compter de sa date, renfermât-elle toutes les énonciations prescrites par les articles 2148 et 2153.

Il s'agit seulement de savoir de quelle manière les deux inscriptions doivent se rattacher l'une à l'autre. Des auteurs pensent que l'inscription nouvelle doit textuellement reproduire les énonciations de l'ancienne, bien qu'elle mentionne qu'elle est prise en renouvellement de cette dernière. C'est là, suivant nous, une opinion exagérée. Dès le moment que l'inscription nouvelle se rattache directement par une mention expresse à l'inscription primitive, les tiers peuvent avoir recours à cette dernière pour éviter d'être trompés. Et de là il résulte, comme nous le disions plus haut, que la nécessité du renouvellement décennal ne met pas obstacle à l'encombrement des registres.

4° N'y a-t-il pas certains événements à partir desquels l'obligation du renouvellement décennal n'existe plus ?

L'idée générale qui doit ici servir de point de départ, c'est que le créancier n'est plus obligé de renouveler l'inscription lorsque son hypothèque produit son effet. Mais, quelle est au juste l'époque où cette circonstance se produit? Distinguons à cet égard entre les aliénations sur saisie et les aliénations volontaires.

Dans le cas d'une aliénation sur saisie, l'époque cherchée est celle de l'adjudication. A ce moment il intervient, entre les créanciers et l'adjudicataire, un contrat qui le rend débiteur personnel de ces derniers. Il suffit donc que les dix ans ne soient pas encore expirés lorsque le jugement d'adjudication est rendu, pour que l'inscription n'ait pas besoin d'être renouvelée, quand bien même ils expireraient avant l'ouverture de l'ordre et la distribution du prix.

Ce qui précède ne présente pas de difficulté lorsque l'adjudication est maintenue. Mais, si elle se trouve résolue par suite de la surenchère du sixième que toute personne peut faire dans les huit jours, à partir de l'adjudication (art. 708 C. pr.); les choses sont remises au même état qu'auparavant, et l'obligation d'opérer le renouvellement décennal subsistera jusqu'à l'adjudication nouvelle.

Mais, en cas de revente sur folle enchère, ce sera toujours la première adjudication qui fixera le moment où l'hypothèque ayant produit son effet, l'inscription n'a plus besoin d'être renouvelée. Cette première adjudication n'est point en effet anéantie, puisque aux termes de l'article 740 C. pr., le fol-enchérisseur est tenu par corps de la différence entre son prix et celui de la revente sur folle enchère.

En cas d'aliénation volontaire et de purge par le tiers acquéreur, deux hypothèses sont possibles : 1° les offres faites par l'acquéreur sont repoussées, et la surenchère d'un dixième a lieu; alors il faut donner la même solution qu'au cas d'aliénation sur saisie; 2° les offres sont acceptées par les créanciers; cette acceptation aura un effet rétroactif au jour des notifications; en conséquence, c'est à ce jour-là qu'il faudra remonter pour dire que les hypothèques ont produit leur effet, et que la nécessité du renouvellement décennal a cessé.

CHAPITRE II.

PERTE RELATIVE DU RANG.

La perte relative du rang a lieu dans diverses circonstances qui peuvent se ramener à deux cas : celui où la femme cède son hypothèque légale à un tiers qui traite avec le mari, ou, ce qui revient au même, subroge ce tiers dans son hypothèque, et celui où elle renonce à son hypothèque au profit de ce tiers. Il faut examiner les deux hypothèses, et voir ensuite quelles sont les formalités à remplir pour que les opérations indiquées puissent produire leur effet.

I. — SUBROGATION D'UN TIERS A L'HYPOTHÈQUE LÉGALE DE LA FEMME.

Il est élémentaire que la femme peut céder à un tiers la créance qu'elle a contre son mari, et avec elle son hypothèque légale, pourvu, bien entendu, que le régime de mariage sous lequel elle est placée lui donne capacité suffisante à cet effet.

Il va de soi également que les créanciers de la femme pourront, de son chef et en vertu de l'article 1166, exercer tous ses droits et se partager au marc le franc le montant de sa collocation, dans l'ordre ouvert sur le prix provenant de la vente des biens du mari.

Mais la femme peut-elle détacher de sa créance l'hypothèque légale pour la céder à un tiers ? Sur ce point le Code civil est muet. Mais, malgré les raisons de douter tirées de l'impossibilité d'hypothéquer une hypothèque et de la prohibition des sous-ordres, la pratique et la jurisprudence s'étaient prononcées pour l'affirmative. La question ne peut plus faire doute depuis la loi du 23 mars 1855, qui, dans son article 9, organise les formes à suivre pour garantir l' ... cité de ces sortes d'opérations. Seulement, la loi nouvelle ne contient presque aucun détail sur les effets de la cession ou subrogation, de telle sorte que c'est à la doctrine de les rechercher et de les décrire.

Une première distinction se présente, c'est celle entre la cession du rang et la cession de l'hypothèque elle-même. Ces deux cessions ont le même effet, celui de faire venir le subrogé au lieu et place de la femme, avec cette différence pourtant que la cession d'antériorité ne peut se produire qu'au profit d'un créancier hypothécaire, tandis que la cession de l'hypothèque peut s'accomplir au profit d'un créancier même chirographaire. Dans le premier cas, le rang de la femme est pris par le subrogé, et celui du subrogé par la femme; dans le deuxième, la femme tombe au rang des créanciers simplement cédulaires.

II. — Renonciation a l'hypothèque légale.

Au lieu de déclarer qu'elle subroge le tiers, la femme peut renoncer à l'hypothèque, et cette renonciation peut avoir lieu soit expressément, soit tacitement.

Nous allons nous occuper tout d'abord de la renonciation expresse, et nous demander quel en est l'effet, si elle est translative ou simplement extinctive, lorsque les parties n'ont rien dit à cet égard. Les controverses qui avaient lieu autrefois sur ce point ont été tranchées par la loi du 23 mars 1855, qui, dans son article 9, place la renonciation sur la même ligne que la subrogation et lui donne la même efficacité. Ainsi, dans le silence des contractants, la renonciation transfère au tiers l'hypothèque légale, comme le ferait une véritable cession.

Mais ce n'est là qu'une simple interprétation de volonté ; la loi nouvelle n'a évidemment pas défendu aux parties d'assigner à la renonciation l'effet que bon leur semblerait, et de dire qu'elle serait simplement extinctive. Dans cette hypothèse, l'efficacité sera bien loin d'être la même.

Faisons ressortir cette différence en supposant successivement que la renonciation a eu lieu au profit d'un créancier hypothécaire du mari et au profit d'un tiers acquéreur.

1° La femme renonce à son hypothèque au profit d'un créancier du mari. — Si la renonciation est translative, ce créancier se substitue complétement à la femme, qui, à son tour, prend le lieu et place dudit créancier. Soit, une femme créancière de son mari pour une somme de 40,000 francs, en vertu du contrat de mariage, et pouvant à ce titre se faire colloquer à la date de la célébration du mariage (art. 2135 C. civ.). Postérieurement à cette célébration, le mari emprunte à un tiers une somme de 20,000 francs, et lui constitue hypothèque sur le seul immeuble dont il est propriétaire ; ensuite, il emprunte à une autre personne une somme de 40,000 francs; la femme intervient à ce dernier acte d'emprunt en déclarant qu'elle renonce à son hypothèque au profit du tiers, sans ajouter autre chose. En vertu de l'article 9 de la loi du 23 mars 1855, il y a là une translation de l'hypothèque au profit du dernier créancier; de là il suit que si l'immeuble dont il s'agit est vendu 50,000 francs, le deuxième prêteur se fera colloquer en première ligne pour la somme entière qui lui est due, soit 40,000 francs; le premier prêteur aura les 10,000 francs qui resteront, et la femme ne sera pas payée. Mais supposons que sa renonciation ait été accompagnée d'une clause expresse suivant laquelle elle doit valoir comme extinction de l'hypothèque au profit du dernier créancier : la femme abdique alors simplement la faculté d'opposer son hypothèque au tiers en faveur duquel elle est intervenue. Tout ce qu'on peut conclure de là, c'est que le tiers devra être traité absolument comme si l'hypothèque légale de la femme n'existait pas à son égard ; il viendra donc prendre, sur le montant de la collocation de la femme, tout ce qui lui serait revenu dans une semblable hypothèse, rien de moins, mais rien de plus. Dans l'espèce ci-dessus posée, si l'hypothèque légale n'existait pas, le créancier intermédiaire étant le premier, serait colloqué pour la somme entière qu'on lui doit, soit 20,000 francs, et celui au profit duquel la renonciation a eu lieu prendrait les 30,000 francs restants. La collocation de la femme s'élevant à la somme de 40,000 francs, le dernier créancier prendra par conséquent 30,000 francs, laissera 10,000 francs à la femme, et la position du premier créancier ne sera pas changée.

2° Soit un immeuble du mari vendu pour 60,000 francs, il y a trois créanciers hypothécaires qui viennent dans l'ordre suivant : d'abord la femme, pour une somme de 20,000 francs ; ensuite un créancier du mari, pour 40,000 francs, et enfin un autre créancier du mari, pour 20,000, en tout 80,000 francs. La femme a renoncé à son hypothèque au profit du tiers acquéreur sans rien dire de plus. Nous partons de l'idée que cette renonciation est translative, comme dans le cas où elle aurait eu lieu au profit d'un créancier. Il est vrai que nous ne sommes plus ici dans les termes de l'article 9 de la loi nouvelle ; mais nous sommes dans son esprit, car il n'y a aucune espèce de raison de distinguer. Cela étant posé, l'acheteur adresse aux créanciers du mari les notifications à fin de purge ; mais ces offres sont repoussées, et l'immeuble est revendu aux enchères publiques pour la somme de 70,000 francs. Il se rencontre que l'acheteur avait, sur le prix de son acquisition, payé au mari une somme de 15,000 francs, et qu'il lui est dû, en outre, une somme de 5,000 francs à titre de dommages-intérêts, en tout 20,000 francs. Étant investi de l'hypothèque légale de la femme, il se fera colloquer à son lieu et place pour les 20,000 francs qui lui sont dus. Voici donc comment se distribuera le prix d'adjudication : 20,000 francs au subrogé, 40,000 francs au premier créancier hypothécaire, 10,000 francs au second et rien à la femme ; mais, si, en intervenant à l'acte d'aliénation, la femme avait déclaré non-seulement qu'elle renonçait à son hypothèque au profit du tiers acquéreur, mais qu'elle entendait donner à cette renonciation un effet purement extinctif, les choses devront se passer à l'égard de l'acheteur comme si, vis-à-vis de lui, l'hypothèque légale n'existait pas. Or, dans cette supposition, le premier créancier hypothécaire serait colloqué pour 40,000 francs, le deuxième pour 20,000 et l'acheteur pour 10,000 ; celui-ci n'aura donc le droit de réclamer à la femme, maintenue à son rang vis-à-vis des deux autres créanciers, que la somme de 10,000 francs sur les 20,000 qui forment le montant de sa collocation. La femme aura donc 10,000 francs, tandis que, dans l'hypothèse précédente, elle perdait tout.

Nous avons jusqu'à présent supposé une renonciation expresse; mais la renonciation peut être aussi tacite. Comme, dans ce cas, elle s'induit de circonstances abandonnées à l'appréciation du juge, ce sera cette appréciation qui déterminera si elle est translative ou extinctive.

Si la femme et le mari contractent tous les deux vis-à-vis d'un tiers une obligation solidaire, mais purement personnelle, il n'y a là rien qui puisse faire supposer que la femme a voulu céder son hypothèque ou y subroger. Elle a simplement voulu fortifier de son crédit personnel celui du mari, et le tiers avec lequel ils ont traité est en faute de n'avoir pas exigé des sûretés particulières. De là il suit que, vis-à-vis de lui, la femme conserve le droit de disposer de son hypothèque au profit d'autres personnes, et, à supposer qu'elle n'en dispose pas, le créancier dont il s'agit viendra au marc le franc, avec tous les autres, sur le montant de la collocation de la femme.

Mais si la femme s'oblige solidairement avec le mari, ou lui donne son cautionnement dans un acte destiné à conférer à un tiers, sur un immeuble du mari, un droit réel, hypothèque ou propriété, peu importe, la femme contracte l'obligation de ne rien faire à l'encontre soit du créancier hypothécaire, soit du tiers acquéreur. Elle doit, en conséquence, être considérée comme ayant renoncé à son hypothèque, et cette renonciation a la même efficacité qu'une cession ou subrogation.

III. — Des formalités à suivre pour la validité de la subrogation ou de la renonciation, et pour la conservation du droit des tiers.

Distinguons entre les subrogations ou renonciations translatives et les renonciations purement extinctives.

Subrogations ou renonciations translatives. — Avant la loi du 23 mars 1855, le rang des subrogés était déterminé par la date de leurs subrogations respectives; de là un grave danger pour les tiers qui traitaient avec les époux, et qui ne pouvaient savoir s'il y avait eu des cessions antérieures. En second lieu, la cession ou renonciation pouvait être consentie par la femme dans un acte sous seing privé; de là un grave danger pour la femme, qui restait, sans garantie, exposée à l'influence du mari.

La loi nouvelle a remédié à cet inconvénient. D'une part, elle a soumis les subrogations ou renonciations au système de publicité; et, quant au mode spécial qu'elle est venue organiser, elle a distingué entre le cas où l'hypothèque légale de la femme a été, conformément au vœu de la loi, inscrite à la requête des personnes chargées de ce soin, et le cas où elle ne l'a pas été. Dans la première hypothèse, la cession est rendue publique par une mention en marge de l'inscription; dans la deuxième, elle l'est par l'inscription de l'hypothèque légale prise au nom du subrogé; et, dans l'une comme dans l'autre, le rang des divers cessionnaires est déterminé par la date des mentions ou des inscriptions. D'autre part, la loi nouvelle a exigé que la cession ou renonciation fût stipulée dans un acte authentique (loi du 23 mars 1855, art. 9). Il y a des auteurs qui ont pensé que l'authenticité était requise non pour la validité de l'acte, mais pour arriver à l'inscription ou à la mention; de telle sorte que, dans ce système, une subrogation résultant d'un acte sous seing privé serait parfaitement valable dans les rapports de la femme et du subrogé; mais cette interprétation nous paraît inadmissible. L'intervention du notaire est nécessaire non pour arriver à la réalisation de la publicité, mais pour protéger la femme contre le penchant qui pourrait l'entraîner trop facilement à céder à l'influence maritale; d'où il résulte, suivant nous, que la cession stipulée dans un acte sous seing privé serait frappée de nullité à l'égard de la femme.

Au surplus, les deux modes de publicité organisés par la loi nouvelle, à savoir : la mention en marge, ou l'inscription, sont les seuls qui puissent être employés; peu importe que la subrogation existe au profit d'un créancier ou au profit d'un tiers.

acquéreur. La raison de douter à l'égard de ce dernier pourrait se tirer de ce que la cession opérée en sa faveur, se trouvant indiquée dans l'acte même de vente, la transcription de son titre semble valoir inscription comme à l'égard du privilége du vendeur. Cette considération pourrait être fortifiée par cette circonstance que la loi du 23 mars 1855 paraît ne s'occuper que des créanciers; mais la raison de décider, c'est que la transcription ne constitue point par elle-même une publicité suffisante, la clause contenant cession se trouvant mêlée à d'autres clauses de l'acte, au milieu desquelles il faut aller la chercher. La preuve qu'il en est ainsi, c'est que, dans le cas où il s'agit du privilége du vendeur, la loi impose au conservateur des hypothèques, sous sa responsabilité personnelle, l'obligation de prendre une inscription d'office. Comme rien de semblable n'existe pour mettre davantage en relief la subrogation, il vaut mieux s'en tenir à la publicité organisée par l'article 9 de la loi nouvelle; en conséquence, la transcription que l'acheteur fera de l'acte de vente ne le dispensera pas d'inscrire en son nom l'hypothèque légale, ou de mentionner, en marge de l'inscription déjà prise, la cession qui lui a été consentie.

Des renonciations purement extinctives. — La loi du 23 mars 1855 gardant un silence absolu sur ces sortes de renonciations, la question se présente de savoir si elles doivent être rendues publiques, conformément à l'article 9, à l'effet d'être efficaces à l'égard des tiers. Nous pensons qu'à cet égard il ne faut pas s'en tenir au texte de la loi, lequel ne parle que des subrogations et des renonciations translatives. La raison de douter se tire de ce qu'une fois sorti de ce texte l'on ne sait plus où s'arrêter. L'analogie une fois admise, un vaste champ paraît s'ouvrir à l'arbitraire, et l'on ne voit pas pourquoi, par exemple, on ne soumettrait pas à la nécessité d'une inscription à prendre, ou de la mention en marge d'une inscription déjà prise, les cessions ou subrogations consenties à un créancier investi d'une hypothèque ordinaire; cependant tout le monde est bien d'accord pour décider que ce cas reste assujetti aux règles admises par la pratique et la jurisprudence antérieurement à la loi du 23 mars 1855, et que le rang des divers subrogés à une hypothèque ordinaire est déterminé par la date des subrogations indépendamment de toute condition de publicité. Il ne faut pas, croyons-nous, s'arrêter à cette raison de douter, les motifs de décider pour les renonciations extinctives étant les mêmes que pour les renonciations et translations subrogatives, et la loi nouvelle, applicable seulement aux hypothèques dispensées d'inscription, circonscrivant notre théorie dans des limites assez étroites pour nous empêcher de tomber dans l'arbitraire.

POSITIONS.

———

DROIT ROMAIN.

I. — Une chose ayant été hypothéquée *a non domino*, si le débiteur qui a constitué l'hypothèque devient l'héritier du propriétaire, le créancier de bonne foi aura l'action hypothécaire utile. Mais si c'est le propriétaire qui devient l'héritier du débiteur, Paul refuse au créancier l'action hypothécaire, soit directe, soit utile. (L. 41 ff, *De pign. act.*)

Cette différence entre les deux hypothèses n'avait pas triomphé, et la jurisprudence s'était fixée en sens contraire en donnant, dans les deux cas, au créancier l'action hypothécaire utile. (L. 22 ff, *De pign. act.*)

II. — La même divergence de vues s'est produite à propos de l'*exceptio rei venditæ et traditæ*. Ainsi, lorsque le vendeur de la chose d'autrui devenait l'héritier du véritable propriétaire et qu'il revendiquait contre l'acheteur, celui-ci pouvait le repousser par l'*exceptio rei venditæ et traditæ*; tout le monde était d'accord sur ce point. Mais dans l'hypothèse inverse, tandis que certains textes accordent à l'acheteur l'*exceptio rei venditæ et traditæ* contre le propriétaire devenu l'héritier du vendeur (L. 1, § 1, ff, *De exceptione rei venditæ et traditæ* — L. 44 Cod. *De rei vindicatione.* — L. 14 Cod. *De evictionibus*), d'autres la lui refusent (L. 31 Cod. *De evictionibus*).

III. — A l'époque où vivait le jurisconsulte Scœvola, le fisc n'avait pas d'hypothèque tacite sur les biens de son débiteur et, lorsqu'une hypothèque expresse lui avait été constituée sur les

bicns présents et à venir postérieurement à une autre hypothèque générale, le rang des deux hypothèques était déterminé par
la date de leur constitution à quelque époque que les biens eussent été acquis. (L. 21 ff, *Qui potiores in pignore.*)

Lorsque l'empereur Antonin Caracalla vint introduire au profit du fisc une hypothèque tacite (L. 1 et 2 Cod. *In quibus causis
pignora*), cette hypothèque continua de passer après les autres
hypothèques générales antérieurement constituées, et cela même
sur les biens acquis depuis le contrat passé par le fisc. — *Nec
obstat*. L. 28 ff, *Qui potiores in pignore.*

Ce qui précède n'était autre chose, du reste, que l'application
du droit commun, suivant lequel le rang des hypothèques générales est déterminé par la date de leur constitution même sur les
biens à venir. (L. 0, § 3 ff, *Qui potiores.*) — *Nec obstat*, L. 7,
§ 1 ff, *cod. Tit.*

IV. — Lorsqu'une vente était pure et simple, mais résoluble
sous condition, la réalisation de la condition résolutoire dans
l'opinion générale des jurisconsultes faisait naître, à la charge
de l'acheteur devenu propriétaire sur la tradition, l'obligation
de retransférer la propriété au vendeur et donnait à ce dernier
une action personnelle, soit *l'actio venditi* suivant les Sabiniens,
soit l'action *præscriptis verbis* suivant les Proculiens. Mais quelques juriconsultes en petit nombre avaient admis que le vendeur redevenait de plein droit propriétaire et avait la *rei vindi-
catio.* (L. 41 ff, *De rei vindicatione.* — L. 4, § 3 ff, *De in diem
addictione.* — L. 19, *De aqua et aquæ pluviæ arcendæ.* — L. 8 ff,
De lege commissoria.) Toutefois cette dernière opinion ne pré-
valut que sous le règne de Justinien. (L. 2 Cod. *De donationibus
quæ sub modo.* Conf. avec le § 283 des *fragments du Vatican.*
— *Nec obstat Alexandri rescriptum.* (L. 4 au Code *De pactis
inter emptorem et venditorem*).

V. — Bien qu'une sentence injuste d'absolution laisse subsister une *naturalis obligatio* (L. 68 pr. ff, *De conditione inde-*

bili.), l'hypothèque est néanmoins éteinte. (L. 13 ff, *Quib. modis*, etc.)

VI. — Mais l'*exceptio rei judicatæ* peut servir à paralyser l'action hypothécaire comme l'action personnelle. Il n'en est pas de même de l'*exceptio rei in judicium deductæ* (Arg. l. 30, § 1 ff, *Ad legem Aquiliam*. — L. 50 ff, *Ad sen. cons. Trebellianum*.)

VII. — Les dettes de l'adrogé s'éteignent par la *minima capitis deminutio* et ne passent pas contre l'adrogeant. La *loi* 45 ff, *De adoptionibus*, ne s'applique qu'aux *onera matrimonii*. En conséquence, les créanciers n'ont d'autre ressource que la *in integrum restitutio* contre l'adrogé et l'envoi en possession de ses biens s'il n'est pas défendu par l'adrogeant, sauf la question controversée entre les Sabiniens et les Proculiens pour savoir si *ex ante gesto* l'*actio de peculio* ne pouvait pas être donnée contre l'adrogeant. (L. 42 ff, *De peculio*.)

VIII. — Une hypothèque ayant été constituée *a non domino*, la ratification du propriétaire n'a pas d'effet rétroactif pour déterminer le rang de cette hypothèque par la date de sa constitution. Cette hypothèque doit être colloquée à la date de la ratification, et se trouve primée par celles constituées antérieurement *a domino*. — *Nec obstat*, L. 16, § 1, *De pignoribus et hypothecis*.

IX. — Lorsque le fonds hypothéqué a été usucapé par un tiers, l'hypothèque, qui continue d'exister sur le fonds, ne frappe pas les fruits perçus par le tiers. Il n'est pas nécessaire pour cela de supposer avec Cujas que les fruits ont été consommés. — (*Nec obstat*, L. 1, § 2 ff, *De pignoribus et hypothecis*.)

X. — Suivant Papinien, lorsque l'héritier institué par un fils de famille sur son *peculium castrense* ne faisait pas adition, les stipulations faites par un esclave du pécule étaient frappées de nullité. Mais les legs faits à cet esclave étaient valables (L. 14,

§§ 1 et 2 ff, *De castrensi peculio*). Quant aux stipulations, Papinien ne les validait pas même en vertu d'une considération tirée de la *verecundia paterna* ; et si le texte précité semble dire le contraire, il faut l'attribuer à une interpolation.

XI. — Dans les ventes pures et simples, lorsque la chose venait à périr, par cas fortuit, dans l'intervalle qui s'écoulait entre la vente et la tradition, les risques étaient supportés par l'acheteur ; néanmoins Africain les mettait à la charge du vendeur. Mais son opinion n'avait pas prévalu, et lui-même avait fini par se ranger à la doctrine générale. (L. 33 ff, *Locati conducti*. — L. 30 ff, *De solutionibus*.)

DROIT DES GENS.

I. — Un créancier d'un gouvernement étranger peut saisir arrêter en France les sommes dues à ce gouvernement.

II. — L'origine de la noblesse n'est ni celtique ni romaine ; elle se trouve dans les habitudes de clientèle militaire des Germains.

DROIT FRANÇAIS.

I. — Le dernier acquéreur qui veut enlever aux créanciers hypothécaires des précédents vendeurs le droit de s'inscrire, est obligé de faire transcrire non-seulement son propre contrat, mais encore tous les contrats antérieurs.

II. — Lorsqu'un premier acheteur a vendu l'immeuble après avoir fait transcrire, le vendeur n'est pas obligé de s'inscrire dans les quarante-cinq jours, à compter de l'acte de vente, pour conserver son droit de suite, quand bien même le conservateur n'aurait pas pris l'inscription d'office.

III. — Quand l'acheteur tombe en faillite sans qu'il y ait eu ni transcription ni inscription, l'action en résolution est perdue, même à l'encontre de la masse chirographaire.

IV. — On ne peut contester la validité d'une inscription prise après le jugement déclaratif de faillite, toutes les fois que la loi accorde au créancier un certain délai qui n'est pas encore expiré. Ainsi l'on ne saurait rien retrancher au copartageant du délai de soixante jours que lui accorde l'article 2100, ni à la femme, au mineur ou à l'interdit du délai d'un an à compter de la dissolution du mariage ou de l'expiration de la tutelle. (L. du 23 mars 1855, art. 8.)

V. — L'inscription d'une hypothèque pour sûreté d'un capital productif d'intérêts ne produit son effet que pour deux années et l'année courante, lors même qu'elle a pour objet les priviléges spéciaux sur les immeubles.

VI. — Le tiers acquéreur doit adresser des notifications à fin de purge au vendeur et au copartageant. En conséquence, il doit attendre pour purger l'expiration du délai de quarante-cinq jours, à compter de la vente ou du partage.

VII. — Lorsque le tiers acquéreur d'un immeuble hypothéqué a payé le prix de son acquisition entre les mains de son vendeur, et que, par suite, il est contraint de payer une deuxième fois entre les mains des créanciers hypothécaires, il n'est pas légalement subrogé contre la caution, et la caution le serait contre lui.

VIII. — Le créancier qui renonce à son privilége ou à son hypothèque pour une partie de sa créance peut, quant à cette partie, se faire considérer comme un créancier chirographaire et prendre part aux délibérations du concordat.

IX. — Dans le cas d'un rapport en nature, les hypothèques qui avaient été résolues revivent, si l'immeuble par suite du parloge tombé dans le lot de l'héritier donataire qui les avait constituées.

X. — Lorsqu'un mineur vend un immeuble, et qu'arrivé à sa majorité il hypothèque le même immeuble, la ratification ultérieure de la vente ne saurait nuire au créancier hypothécaire.

XI. — Le vendeur d'effets mobiliers conserve son privilége et son droit de résolution, bien que l'objet vendu soit devenu immeuble par destination, et se trouve ainsi attaché à un autre immeuble hypothéqué.

XII. — En matière d'expropriation pour cause d'utilité publique, les créanciers hypothécaires ou privilégiés peuvent, en vertu de l'article 17 de la loi du 3 mai 1841, et malgré la disposition de l'article 6 de la loi du 23 mars 1855, s'inscrire pendant quinzaine, à partir de la transcription du jugement d'expropriation.

DROIT PÉNAL.

I. — Lorsque certaines circonstances sont de nature à changer la qualification légale du fait à punir, elles étendent au complice leur effet aggravant ou atténuant, bien qu'elles dérivent de qualités personnelles à l'auteur principal.

II. — En thèse générale, l'action civile se prescrit par le même laps de temps que l'action publique.

Le Président,

P. BRAVARD-VEYRIÈRES.

Vu par le Doyen,
C. A. PELLAT.

Permis d'imprimer,

Le Vice-Recteur,

ARTAUD.

PARIS. — IMP. SIMON RAÇON ET COMP. RUE D'ERFURTH, 1.

www.ingramcontent.com/pod-product-compliance
Lightning Source LLC
LaVergne TN
LVHW020130060726
842526LV00004B/1338